Flugkapitän i. R. Horst Materna

Geschichte des Flughafen Berlin-Schönefeld von 1933 bis 2000

Chronik der Ereignisse von den
Henschel Flugzeugwerken über die
Nutzung durch das sowjetische Militär
bis zum Ende der
DDR-Fluggesellschaft INTERFLUG
und der Planung des neuen Großflughafens BER
im Raum Schönefeld

Impressum

Umschlaggestaltung: Harald Rockstuhl, Bad Langensalza

Titelbilder:
- Werkgelände der Henschel Flugzeug-Werke A.G. in Schönefeld bei Berlin, um 1940.
- Berlin-Schönefeld – Bau des Flughafens – Flugzeug Iljuschin Il-14 der Fluggesellschaft „Interflug“ (DM-SBA) auf Rollfeld stehend. Fotograf Wolter. Mit freundlicher Genehmigung Bundesarchiv, Bild-F-04180.
- Vor der Interimsabfertigung in der ehemaligen Halle 11 der HFW stehen eine IL-14 (vorn) und eine An-24 in den Farben der INTERFLUG.
- Ein Oberstleutnant der LSK in INTERLUG-Uniform meldet Erich Honecker die Flugbereitschaft der IL-62M.
- An der NPA am Schönefelder Flughafen parken zwei Airbus A 310-304 der INTERFLUG.

3. Auflage 2017

ISBN 978-3-95966-089-1

Innenlayout: Harald Rockstuhl, Bad Langensalza

Alle Bilder und Dokumente, welche im Buch abgebildet wurden, stammen aus der Sammlung des Autors. Andere Quellen sind den Bildern hinzugefügt. Die Namen der Fotografen wurden – soweit bekannt – mit genannt.
Wir bitten jene Fotografen, welche ihr Bild bzw. ihre Bilder in diesem Buch zuordnen können, sich mit dem Autor Horst Materna bzw. mit dem Verlag in Verbindung zu setzten.

Druck und Bindearbeit: Digital Print Group Oliver Schimek GmbH, Nürnberg/Mittelfranken

Gedruckt auf alterungsbeständigem Papier nach ISO 9706

Die Deutsche Nationalbibliothek verzeichnet diese Publikation in der Deutschen Nationalbibliografie. Detaillierte bibliografische Daten sind im Internet unter *http://dnb.d-nb.de* abrufbar.

Verlag Rockstuhl
www.verlag-rockstuhl.de

Inhaber: Harald Rockstuhl
Mitglied des Börsenvereins des Deutschen Buchhandels e.V.
Lange Brüdergasse 12 in D-99947 Bad Langensalza/Thüringen
Telefon: 03603 / 81 22 46 Telefax: 03603 / 81 22 47
www.verlag-rockstuhl.de

Inhalt

Horst Materna
Die Geschichte der
HENSCHEL Flugzeug-Werke
in Schönefeld
bei Berlin
1933-1945
Verlag Rockstuhl

Horst Materna
Die Geschichte des Flughafens
Berlin-Schönefeld
1945-1963
Verlag Rockstuhl

Horst Materna
INTERFLUG
Flughafen
Berlin-Schönefeld
Heimatbasis der INTERFLUG
1963-1977
Verlag Rockstuhl

Horst Materna
INTERFLUG
Flughafen
Berlin-Schönefeld
und die militärisch geführte INTERFLUG
1977-1988
Verlag Rockstuhl

Horst Materna
INTERFLUG
DEUTSCHE DEMOKRATISCHE REPUBLIK
Flughafen
Berlin-Schönefeld
und das Ende der INTERFLUG
1988-2000
Verlag Rockstuhl

1. Einleitung

Beginnend im Jahr 2010 hat der Rockstuhl-Verlag in fünf Bänden die Geschichte des Flughafens Schönefeld bei Berlin publiziert. Die Periode von 1933 bis 1945 wird im **Band I „Die Geschichte der Henschel Flugzeugwerke in Schönefeld bei Berlin 1933–1945“** erzählt. Danach folgt die bisher weniger dokumentierte Zeit im **Band II „Die Geschichte des Flughafens Berlin-Schönefeld 1945–1963“**. Im **Band III „Flughafen Berlin-Schönefeld Heimatbasis der INTERFLUG 1963–1977“** wird die Entwicklung der zivilen Luftfahrt der DDR ausführlich dargestellt, worauf im **Band IV „Flughafen Berlin-Schönefeld und die militärisch geführte INTERFLUG 1977–1988“** auf die Rolle des zivilen Flugwesens in der Zeit des Kalten Kriegs ausführlich eingegangen wird. Und schließlich wird im **Band V „Flughafen Berlin-Schönefeld und das Ende der INTERFLUG 1988–2000“** nach der Schilderung der Neuorientierung der Airline in den 1980er Jahren insbesondere auf die Entflechtung des Unternehmens nach der Wiedervereinigung Deutschlands sowie das Schicksal der ausgegliederten Firmen in den Folgejahren eingegangen. Das hier vorgelegte Begleitbuch zur Buchreihe soll es den Lesern erleichtern, sie interessierende Perioden oder bestimmte Ereignisse sowie Persönlichkeiten oder die Beschreibung von Fluggeräten schneller zu finden. Aber auch dem Leser, der nicht alle vorgestellten Bücher in seinem Bücherschrank stehen hat, soll es Anreiz sein, die Reihe zu vervollständigen. Bestimmte Ereignisse oder Suchbegriffe werden mit dem entsprechenden Band und der Seitenzahl gekennzeichnet. Zum Beispiel finden Sie unter dem Kürzel II/123 die Kurzbiographie des Flughafenplaners der Deutschen Lufthansa (Ost), Dipl.-Ing. Ernst Haas im Band II ab der Seite 123 oder unter IV/144 im Band IV die Entwicklungsgeschichte des sowjetischen Großraumflugzeugs Iljuschin IL-96 auf der Seite 144.

Der Verlag Rockstuhl und der Autor wünschen Ihnen, verehrte Leser, eine interessante Lektüre und viel Vergnügen beim Blättern in Erinnerungen an vergangene Zeiten.

2. Henschel's Einstieg in den Flugzeugbau

Das Familienunternehmen Henschel in Kassel hatte eine jahrhundertlange Tradition und besondere Berühmtheit im Lokomotiv- und Automobilbau erlangt (I/11). Oscar Henschel *(Abbildung)*, der in der sechsten Generation das Unternehmen führte, erkannte die Zeichen der Zeit, als die Nationalsozialisten 1933 an die Macht kamen und mit der verstärkten Rüstung, besonders im Flugzeugbau, begannen. Mit aktiver Unterstützung von Hermann Göring und Erhard Milch gelang ihm trotz der schwierigen wirtschaftlichen Lage der erfolgreiche Einstieg in die Luftfahrtindustrie (I/21). Dank der Unterstützung durch führende Persönlichkeiten der nationalsozialistischen Regierung und manchmal auch unter Anwendung brachialer Methoden (I/24) gelang es Oscar Henschel in wenigen Jahren das modernste Flugzeugwerk nahe der Reichshauptstadt buchstäblich aus dem Boden zu stampfen. Nach der Ermittlung des geeigneten Standortes kaufte er für 2,3 Mio. Reichsmark die Güter des Rittmeisters a.D. Karl Wrede in der Ortslage Schönefeld/Diepensee im Kreis Teltow (I/41). Er beauftragte den erfahrenen Architekten Otto Biskaborn aus Kassel mit dem Entwurf Werk 1 unter Beachtung der militär-politischen Erfordernisse und übertrug ihm die Leitung der Bauausführung (I/45).

Oscar Henschel vor dem Bild seiner Ahnen, er leitete das Unternehmen in der 6. Generation.

30. März 1933

In Kassel wird die Henschel Flugzeugwerke A.G. gegründet.

02. September 1933

In Berlin-Johannisthal werden die Henschel-Werkstätten eröffnet, die Belegschaft besteht aus 34 Arbeitern und 35 Angestellten.

01. Oktober 1933

In Johannisthal beginnt der Bau des Schulflugzeugs Hs 121.

Die erste Eigenentwicklung der HFW ist das Schulflugzeug Hs 121.

30. April 1934

Das Henschel-Flugzeug Hs 125 startet zum Erstflug.

25. Juli 1934

Die Entscheidung ist gefallen, auf dem Gelände der Rittergüter Schönefeld und Diepensee wird das Henschel Flugzeugwerk gebaut.

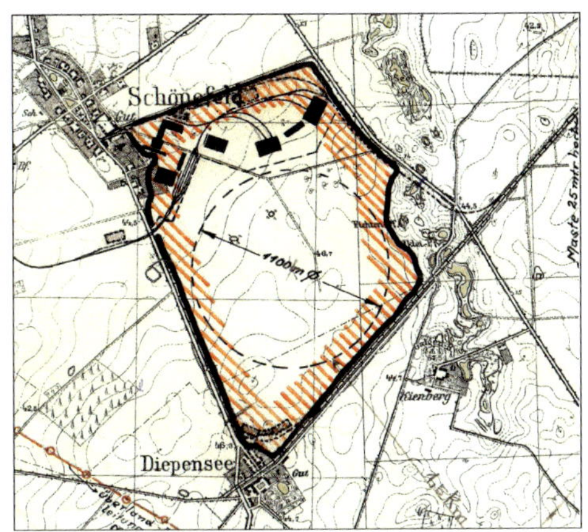

Auf dem Gelände zwischen Schönefeld und Diepensee wird das Werk 1 der HFW erbaut.

15. Oktober 1934

Es erfolgt der erste symbolische Spatenstich für das Werk 1.

24. April 1935

Auf den neu angelegten Start- und Landebahnen werden erste Rollversuche und Belastungstests mit einer Junkers W 34 durchgeführt.

20. August 1935

Der Werksleiter Walter Hormel bezieht seinen Wohnsitz, die sog. Henschel-Villa.

Die „Villa Henschel“, der Wohnsitz des Werkdirektors Hormel.

19. Dezember 1935

Verwaltung und Konstruktionsbüros nehmen im neuen Verwaltungsgebäude ihre Arbeit auf, das Gebäude wird übrigens noch heute genutzt.

Blick auf das Verwaltungsgebäude der HWF, es ist heute noch in Nutzung.

22. Dezember 1935

Das Werk 1 wird offiziell in Betrieb genommen, die Belegschaft ist auf 4.711 Mitarbeiter angewachsen.

3. Januar 1936

In Schönefeld hebt die erste in Lizenz montierte Dornier Do 23 zum Erstflug ab.

12. Mai 1936

Henschel-Chefpilot Hans-Wilhelm Kaempf führt den 1.000sten Start am Schönefelder Flughafen aus, in der Bildmitte steht er vor einer Reihe Hs 122.

Chefpilot der HFW Hans-Wilhelm Kaempf (Mitte).

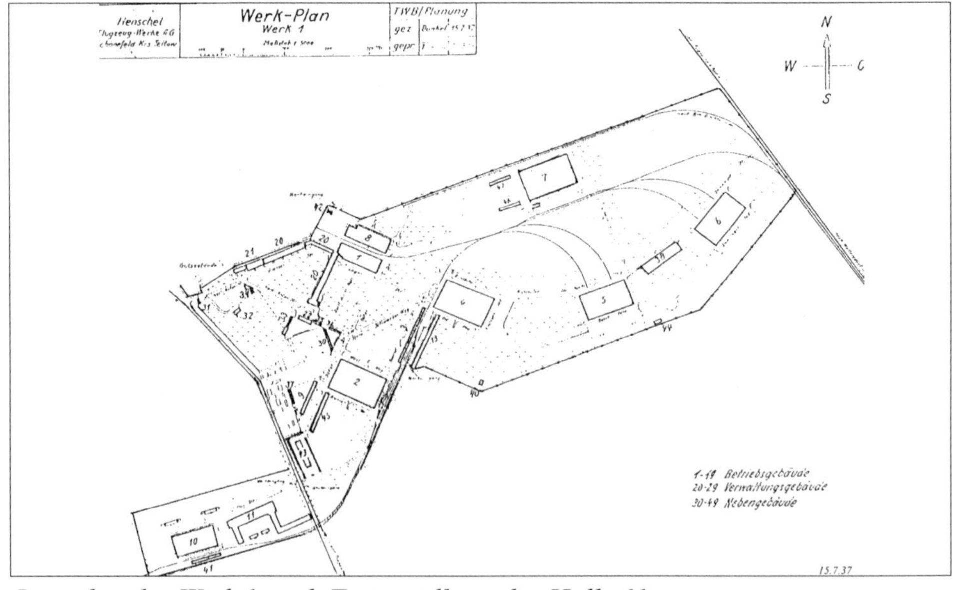

Lageplan des Werk 1 nach Fertigstellung der Halle 11.

10. Oktober 1936

Bereits die vierte Eigenentwicklung der HFW, der zweimotorige Zerstörer Hs 124 startet zum Erstflug.

Zweimotoriges Kampfflugzeug Hs 124, eine Eigenentwicklung der HFW.

9. Dezember 1936

In Diepensee, dem Südteil des Flughafens Schönefeld, wird Richtfest für die Luftfahrterprobungsstelle gefeiert.

4. Januar 1937

Als vorläufig letzter Neubau im Werk 1 wurde für die Dreherei die Halle 10 errichtet und mit 45 Werkzeugmaschinen ausgestattet.

24. Mai 1937

Das 1.000ste Flugzeug, eine Hs 123, verlässt die Fertigungshalle im Werk 1. Auf der Titelseite des „Henschelstern" vom Oktober 1936 wird Werbung für den Kampfeinsitzer gemacht.

Ausgabe Oktober 1936 der HFW-Werkzeitung mit Werbung für die Hs 123.

Blick auf die 1936 eröffnete Luftfahrterprobungsstelle Diepensee (LED).

25. Oktober 1937

Die Halle 11 wird als Ausbildungsstätte für die Henschel-Lehrlinge eingerichtet und großzügig ausgestattet.

Die Halle 11 der HFW als modernste Ausbildungsstätte für Flugzeugbauer.

27. Oktober 1937

Der Leiter des Technischen Amts im RLM, Ernst Udet, berät in Schönefeld mit der Firmenleitung die Entwicklung eines schweren Sturzkampfflugzeugs.

19. Januar 1938

Die HFW liefern zwölf Sturzkampfflugzeuge Hs 123 zum Preis von zwei Mio. Reichsmark an China.

29. März 1938

Oscar Henschel engagiert sich auch in der Lokalpolitik und wird in den Schönefelder Gemeinderat gewählt.

30. April 1938

Der Bomber und Fernaufklärer Dornier Do 17P startet zu seinem Erstflug in Schönefeld.

15. Dezember 1938

In Schönefeld wird die Attrappe der Druckkabine des Höhenfernaufklärers Hs 130 vorgestellt.

Die für das Höhenforschungsflugzeug entwickelte „Höhenkammer".

3. Die HFW im Zweiten Weltkrieg

Oscar Henschel hatte von Beginn an das Ziel, im Rahmen der Luftrüstung maximal am Gewinn beteiligt zu werden. Obwohl in seiner Firma eine Reihe von Eigenentwicklungen entstanden, darunter auch einige Flugzeuge, die z.T. serienmäßig gebaut wurden (I/101), verdiente er das meiste Geld durch den Lizenzbau bewährter Konstruktionen von etablierten Flugzeugbauern wie Junkers, Dornier, Heinkel u.a. (I/185). In den Kriegsjahren gelang es den HFW die Produktion unter massenhaftem Einsatz von Fremdarbeitern, Kriegsgefangenen und auch KZ-Häftlingen (I/227), so zu steigern, dass noch mehrere Zweigwerke eingerichtet werden mussten. Neben der Fertigung von Kampfflugzeugen der verschiedensten Einsatzzwecke wurde in den HFW eine intensive Forschungs- und Entwicklungsarbeit geleistet, wovon eine Unmenge an Patenten zeugen (I/199). Auch zukunftsträchtige Themen standen, besonders in der Anfang 1940 gegründeten Abteilung F unter Leitung von Professor **Herbert Wagner**, im Fokus der wissenschaftlichen Arbeit. Dort wurden u.a. Fernlenkwaffen und Hochleistungs-Turbinenschaufeln aus Keramik entwickelt und selbst das Thema „Atomzertrümmerung“ wurde 1943 bearbeitet. Und es war kein Zufall, dass **Konrad Zuse** in dieser Abteilung die ersten einsatzfähigen Datenverarbeitungsanlagen entwickelte (I/202). Aus dem Konstruktionsbüro kamen nennenswerte Flugzeugprojekte, die z.T. in der Nachkriegsperiode zu Impulsgebern im Flugzeugbau wurden.

Professor Herbert Wagner, der Leiter der Abteilung F der HFW.

Der Erfinder des Computers Dr. Konrad Zuse.

25. August 1939

Die Einheit 33297 wird als Feldartillerieeinheit aufgestellt und die Betriebsfeuerwehr kaserniert. Auf dem Verwaltungsgebäude wird ein Geschützstand eingerichtet.

1. September 1939

Ein Flugverbot für alle nichtmilitärischen Flüge wird für das gesamte Reichsgebiet verhängt. In Schönefeld werden die Maßnahmen zum Schutz vor Luftangriffen verstärkt.

30. September 1939

Die HFW haben 550 Mehrzweck-Kampfflugzeuge Do 17 an die Luftwaffe ausgeliefert.

Ein Kampfflugzeug Dornier Do 17F beim Justieren der Bordwaffen.

17. Oktober 1939

Den HFW werden für den Fall der Zerstörung des Flugplatzes Ausweichplätze in Polen und dem Protektorat zugewiesen.

26. August 1940

Das Werk 1 wird erstmals von einem feindlichen Flugzeug überflogen. Es wurden südwestlich des Werks zwei 500-lbs-Bomben abgeworfen, die jedoch kaum Schaden anrichteten.

30. September 1940

Die Junkers Ju 88 mit der Werknummer 3273 stürzt während eines Erprobungsflugs aus geringer Höhe in die Halle 12 in Schönefeld.

Reste der am 30. September 1940 in die Halle 12 gestürzten Ju 88.

Die Grabstätte der Besatzung von Feldwebel Hildt auf dem Schönefelder Friedhof.

Die dreiköpfige Besatzung unter Feldwebel Ludwig Hildt sowie zwei Werksangehörige kommen ums Leben.

8. August 1941

Um 2:20 Uhr wird Luftalarm ausgelöst, über dem nördlichen Berlin werfen sowjetische Bomber Sprengbomben und Flugblätter ab.

2. September 1942

Der Höhenaufklärer Hs 130E-0, Werknummer 0051, startet in Schönefeld zum Erstflug.

30. Oktober 1942

Die HFW haben für rund sechs Mio. Reichsmark Barackenlager für mehr als fünftausend Kriegsgefangene und Fremdarbeiter errichtet (I/227).

1. April 1943

Die HFW stellen 163 Lehrlinge für die Ausbildung zum Metallflugzeugbauer, Werkzeugmacher und Elektromechaniker ein.

25. August 1943

Eine Do 217 mit untergehängten Fernlenkwaffen Hs 293 startet zum Angriff auf einen Schiffsverband in der Biskaya

In der Biskaya erfolgt der erste Gefechtseinsatz des ferngelenkten Flugkörpers Hs 293 gegen englische Kriegsschiffe.

27. Januar 1944

Beim 191. Luftalarm werden Minen, Stabbrand- und Phosphorbomben auf die Werksanlagen in Schönefeld abgeworfen, die z. T. schwere Schäden anrichten.

12. Oktober 1944

Das RLM weist an, die Rumpffertigung der Ju 88 in den U-Bahnschacht zwischen den Bahnhöfen Neukölln und Bergstraße zu verlegen (I/259).

31. Dezember 1944

Trotz vieler Schäden, Personal- und Materialmängel sowie Einschränkungen in der Flugzeugproduktion haben die HFW im Gesamtjahr 750 Kampfflugzeuge und mehr als 3.800 Fernlenkwaffen an die Luftwaffe ausgeliefert.

4. Schönefeld unter sowjetischer Besatzung

Nach dem Ende des Zweiten Weltkriegs wurden die HFW Kriegsbeute der Sowjetarmee, die am 24. April 1945 das Werk 1 in Schönefeld besetzte. Der Betriebsdirektor Walter Hormel übergab das nur marginal beschädigte Werk an die Besatzungsmacht, die bereits am 1. Mai 1945 mit der Demontage der Anlagen und dem Abtransport von Werkhallen, Maschinen, Werkzeugen und Erzeugnissen begann. Konstruktionsunterlagen, technische Dokumentationen sowie betriebliche Unterlagen wurden konfisziert und nach Moskau gebracht (II/19). Auch der Prototyp eines strahlgetriebenen Jägers, die Hs 132, fiel den Siegern in die Hände. Gleichzeitig versuchten die verbliebenen Werksangehörigen eine Friedensproduktion in Gang zu bringen, indem Reparaturen an Güterwagen der Deutschen Reichsbahn ausgeführt und landwirtschaftliche Gerätschaften hergestellt wurden (II/24).

Der Betriebsleiter des Werk 1 der HFW, Walter Hormel, in der NSFK-Uniform

Künstlerische Darstellung des Strahljägers Hs 132, dessen fast fertig gestellter Prototyp 1945 in sowjetische Hände fiel.

3. November 1944

In Rechlin erfolgt der erste Flug der bemannten Fi 103, die durch Umbau in den HFW als Selbstopferwaffe „Reichenberg“ entstanden ist.

Eine von den Alliierten erbeutete Selbstopferwaffe „Reichenberg“, die in den HFW in Schönefeld entwickelt wurde.

9. März 1945

Oscar Henschel besucht das Werk 1 in Schönefeld um mit dem Werksdirektor Hormel Maßnahmen nach dem Kriegsende zu beraten.

21. April 1945

Focke-Wulf Fw 190 des Schlachtgeschwaders 9 fliegen die letzten Kampfeinsätze von Schönefeld aus, ehe sie nach Klagenfurt verlegen.

22. April 1945

Gegen 17:00 Uhr werden alle Arbeiten im Werk 1 eingestellt, die leitenden Mitarbeiter, außer Walter Hormel, setzen sich in den Westen ab (I/278).

24. April 1945

6:00 Uhr morgens vereinigen sich die Spitzen der sowjetischen Truppen auf dem Schönefelder Flugplatz, um weiter zum Teltowkanal vorzustoßen.

1. Mai 1945

In Schönefeld beginnen die Demontagearbeiten unter Einsatz von etwa 2.000 Arbeitskräften aus Berliner Betrieben. Die Hauptproduktionsgebäude, der Wasser-Versuchskanal und diverse Nebengebäude werden abgebrochen bzw. in die Sowjetunion abtransportiert.

Die Luftaufnahme von 1953 zeigt oben die Grundflächen der demontierten Werksanlagen und unten die auf 2.000 Meter verlängerte Startbahn 23 der HFW.

4. Mai 1945

Betriebsdirektor Hormel, der das Werk 1 an die Besatzungsmacht übergeben hatte, wird in das Internierungslager bei Weesow gebracht, wo er am 22. Juli verstirbt.

17. Juli 1945

Die sowjetische Aeroflot eröffnet von Johannisthal aus den regulären Linienverkehr nach Moskau.

6. Februar 1946

Die sowjetische 62. Selbständige Transportflieger-Abteilung der Zivilen Luftflotte verlegt ihren Standort von Johannisthal nach Schönefeld.

12. Februar 1946

Die Provinzverwaltung beauftragt das Werk in Schönefeld mit dem Bau von 5.000 Ackerwagen, 2.200 Pflügen und 14.000 Eggen.

29. März 1946

Das ehemalige Werk 1 der HFW wird in Schönefelder Industrie-Gelände A.G. umbenannt und Rudolf Herz als vorläufiger Treuhänder eingesetzt.

12. Mai 1946

Die polnische Fluggesellschaft LOT startet zum ersten internationalen Linienflug von Schönefeld nach Warschau.

Eine Li-2 der polnischen LOT eröffnet den zivilen Flugverkehr am 12. Mai 1946 von Schönefeld nach Warschau.

21. Mai 1947

Der Chef der SMAD Brandenburg, Generalmajor Scharow, befiehlt den Ausbau des ehemaligen Werkflugplatzes zu einem Zivilflughafen.

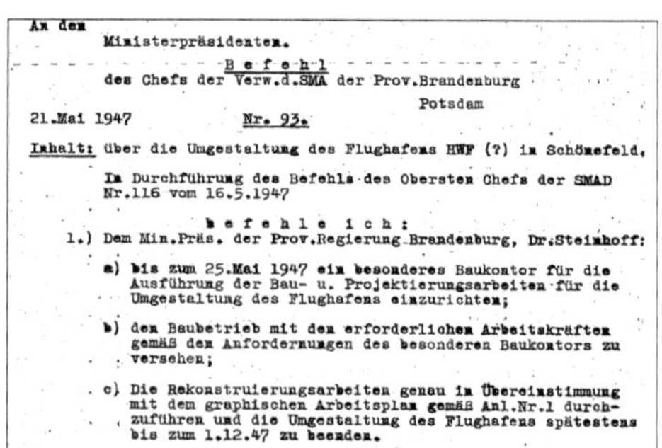

An den
Ministerpräsidenten.

B e f e h l
des Chefs der Verw.d.SMA der Prov.Brandenburg
Potsdam

21.Mai 1947 Nr. 93.

Inhalt: über die Umgestaltung des Flughafens HWF (?) in Schönefeld,

In Durchführung des Befehls des Obersten Chefs der SMAD Nr.116 vom 16.5.1947

b e f e h l e i c h :

1.) Dem Min.Präs. der Prov.Regierung Brandenburg, Dr.Steinhoff:

a) bis zum 25.Mai 1947 ein besonderes Baukontor für die Ausführung der Bau- u. Projektierungsarbeiten für die Umgestaltung des Flughafens einzurichten;

b) den Baubetrieb mit den erforderlichen Arbeitskräften gemäß den Anforderungen des besonderen Baukontors zu versehen;

c) Die Rekonstruierungsarbeiten genau in Übereinstimmung mit dem graphischen Arbeitsplan gemäß Anl.Nr.1 durchzuführen und die Umgestaltung des Flughafens spätestens bis zum 1.12.47 zu beenden.

Auszug aus dem Befehl Nr. 93 zum Ausbau des Schönefelder Flugplatzes.

31. Mai 1947

Der Architekt Max Schmidt aus Potsdam wird beauftragt ein Sonderbaubüro für den Flughafenausbau einzurichten.

4. Juli 1947

Der Minister für Wirtschaftsplanung der Potsdamer Regierung teilt mit, dass wegen der Erweiterung des Flughafengeländes Landwirte in Schönefeld, Diepensee und Bohnsdorf enteignet werden müssen.

21. Januar 1948

Der Architekt Schmidt wird wegen finanzieller Bereicherung inhaftiert. Ministerialrat Ramm wurde als Verantwortlicher eingesetzt, aber Anfang 1949 ebenfalls eingesperrt.

26. Juni 1948

Die westlichen Alliierten richten zur Versorgung der Westberliner Bevölkerung eine Luftbrücke ein und bauen in Tegel einen weiteren Berliner Flughafen.

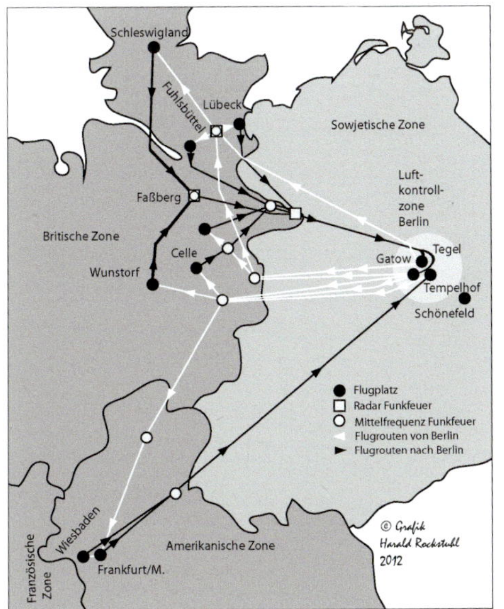

Schematische Darstellung der Flugwege während der Berliner Luftbrücke.

14. April 1949

Am sog. Generalshotel findet das Richtfest statt. Das Gebäude diente bis zum Ende der DDR als Abfertigung hochrangiger Gäste.

Blick auf das „Generalshotel" in Schönefeld, welches bis zum Ende der INTERFLUG als Regierungsabfertigung diente.

29. August 1949

In Leipzig-Mockau landet erstmals nach dem Krieg wieder ein ziviles Flugzeug, eine DC-3 der ČSA, zur Leipziger Messe.

31. Dezember 1951

Nach der vorläufigen Abschlussrechnung wurden bis dahin knapp 44 Mio. Mark für den Flughafenausbau aufgewandt.

5. In der DDR beginnt der zivile Luftverkehr

Am 21. Mai 1947 hatte die SMAD den Ausbau des ehemaligen Werksflugplatzes zu einem internationalen Verkehrsflughafen angewiesen. Neben einer militärischen Transportfliegereinheit, die die Verbindung mit Moskau bediente, flogen Flugzeug der sowjetischen Aeroflot, später auch der tschechischen ČSA und der polnischen LOT vom Schönefelder Flughafen wieder Ziele in Europa an. Nachdem 1949 erstmals nach Kriegsende wieder ein Flugverkehr innerhalb der SBZ erlaubt wurde, übernahmen deutsche Mitarbeiter die Leitung des Messeflugbetriebs in Leipzig-Mockau. Am 1. Mai 1955 wurde in der DDR als nationale Fluggesellschaft die Deutsche Lufthansa gegründet (II/62). Mit Hilfe der Sowjetunion, die die ersten Flugzeuge vom Typ Iljuschin IL-14 lieferte, Flugzeugbesatzungen zur Verfügung stellte und schließlich auch die ersten Piloten ausbildeten (II/95), kam ein regulärer internationaler Luftverkehr in Gang. Der Flughafen Schönefeld konnte zunächst gemeinsam mit den sowjetischen Militärflugzeugen genutzt werden, bis 1962 der deutsche Flugverkehr von der provisorischen Abfertigung in Diepensee nach Schönefeld verlegt werden konnte. Zum 1. Januar 1961 wurde die Hauptverwaltung Zivile Luftfahrt gebildet und damit die Unterstellung des Flugverkehrs unter das Innenministerium beendet (II/130). 1961 begann ein umfangreicher Ausbau des Flughafen Schönefeld zum Zentralflughafen der DDR, indem neue Start- und Landebahnen und modernere Abfertigungseinrichtungen gebaut wurden (II/141). An die Regierungsflieger wurden zwei IL-14 abgegeben und im Westhangar stationiert. Sie erhielten die taktischen Nummern 470 und 471. In der Werft wurde in Eigenregie technisches Personal für die Wartung der neuen Technik ausgebildet. Auch ein eigener flugmedizinischer Dienst wurde in Diepensee eingerichtet, der auch von den Anwohnern genutzt werden konnte. Wegen der Namensgleichheit der Luftfahrtgesellschaften in der BRD und der DDR kam es zu langwierigen und unschönen Auseinandersetzungen, an deren Ende die Liquidation der DDR-Lufthansa stand und die 1958 gegründete zweite DDR-Fluggesellschaft INTERFLUG den gesamten zivilen Luftverkehr in der DDR übernahm.

29. August 1949

Mit Genehmigung vom Chef der SMAD, Generaloberst Tschuikow, landet erstmals nach Ende des Krieges eine DC-3 der ČSA zur Messe in Leipzig-Mockau.

28. Februar 1950

Ministerpräsident Otto Grotewohl erlässt eine Verfügung, nach der die „flugtechnische Leitung“ des Messeflugverkehrs durch das Ministerium für Verkehrswesen der DDR zu übernehmen ist.

29. Mai 1953

Nach Auflösung der sowjetischen Kontrollkommission erhält die DDR die Souveränität, mit Ausnahme der Lufthoheit.

30. September 1954

Die DDR-Regierung richtet ein Ersuchen an die Sowjetunion zur Nutzung des Flughafens Schönefeld für einen nationalen zivilen Luftverkehr (II/64).

25. Januar 1955

Die Sowjetunion erklärt den Kriegszustand mit Deutschland für beendet.

15. März 1955

Es findet eine erste Beratung zur gemeinsamen Nutzung des Schönefelder Flughafens sowohl durch deutsche als auch sowjetische Luftfahrzeuge statt.

1. Mai 1955

Die Deutsche Lufthansa wird als nationale Fluggesellschaft der DDR gegründet und erhält den Status eines Volkseigenen Betriebs. Arthur Pieck wird zum Hauptdirektor berufen. In Diepensee werden provisorische Abfertigungsanlagen eingerichtet und der Werftbetrieb organisiert (II/70).

Arthur Pieck, Sohn von Wilhelm Pieck, als erster Hauptdirektor der DDR-Lufthansa.

30. Juli 1955

Das erste für die DLH bestimmte Flugzeug, eine zweimotorige Iljuschin IL-14 unter dem Kommando des sowjetischen Kapitäns Uwarow landet in Schönefeld. Es erhält das Kennzeichen DDR-ABA. 15 Flugzeuge aus der Sowjetunion übernimmt die DLH noch, danach 14 Maschinen aus der Lizenzproduktion in Dresden (II/91).

Die erste IL-14 der DLH mit der Besatzung des Kommandanten Uwarow (erster von rechts).

4. Februar 1956

Die DLH eröffnet mit dem Linienflug nach Warschau ihren internationalen Flugverkehr. Im Cockpit sitzt eine sowjetische Crew, lediglich die Stewardess ist eine Deutsche.

10. November 1956

21 ehemalige Luftwaffenpiloten fliegen nach Uljanowsk an der Wolga und erwerben dort das Patent als Kapitän für die IL-14 (II/95).

Ein Teil der 21 Piloten, die 1956 in Uljanowsk zum Kapitän auf IL-14 ausgebildet wurden.

1. Juni 1957

Hauptdirektor Arthur Pieck eröffnet den Inlandflugverkehr der DDR. Es werden die Flughäfen Leipzig-Mockau, Dresden-Klotzsche, Erfurt-Bindersleben und Barth an der Ostsee, jetzt mit deutschen Besatzungen, angeflogen.

Arthur Pieck eröffnet den Linienflugverkehr innerhalb der DDR.

1. Mai 1958

Auch der Flughafen Karl-Marx-Stadt (heute wieder Chemnitz) wird mit dem Doppeldecker Antonow An-2 im Liniendienst angeflogen .

Der Flughafen Karl-Marx-Stadt (heute wieder Chemnitz) wurde mit der An-2 angeflogen.

8. September 1958

Um den Störmaßnahmen der westdeutschen Lufthansa zu entgehen, wird eine zweite Luftfahrtgesellschaft, die INTERFLUG, ins Leben gerufen.

1. Dezember 1959

Als erstes Strahlflugzeug landet eine Caravelle der skandinavischen SAS in Schönefeld.

Als erstes Strahlverkehrsflugzeug landete eine Caravelle der SAS in Schönefeld.

28. März 1960

Die erste von insgesamt 16 Stück der 4-motorigen Iljuschin IL-18 trifft in Schönefeld ein und erhält das Kennzeichen DM-STA.

1960 stellte die DLH die viermotorige IL-18 in Dienst.

1. Juli 1961

Nach 28-monatiger Bauzeit wird eine neue SLB 07/25 in Betrieb genommen (II/141).

Verkehrsminister Erwin Kramer eröffnet die neu gebaute Piste 07/25.

6. Oktober 1961

Auf dem neu erbauten Spannbeton-Hangar in Diepensee wird die Richtkrone aufgezogen.

26. Februar 1962

Der erste S-Bahnzug trifft auf dem neu geschaffenen Bahnhof Flughafen-Schönefeld ein.

Die erste S-Bahn wird am Bahnhof Schönefeld begrüßt.

31. August 1963

Die DLH wird liquidiert, dafür übernimmt INTERFLUG den gesamten zivilen Luftverkehr der DDR (II/172)

6. Der Flughafen Schönefeld

Während in Schönefeld, dem nördlichen Teil der ehemaligen Rittergüter, das modernste Flugzeugwerk Deutschlands erbaut wurde, entstand im südlichen Teil, in der Ortslage Diepensee eine Luftfahrterprobungsstelle, die dem Reichsverband der deutschen Luftfahrtindustrie (RDLI) unterstand. Auf der dazwischen liegenden, landwirtschaftlich genutzten Fläche, wurde der Werksflugplatz der HFW eingerichtet. Mit erheblichem Aufwand wurde der frühere Rübenacker mit einer ebenen Grasnarbe versehen (I/52). Der damaligen Zeit entsprechend wurden drei befestigte Start- und Landebahnen angelegt, um den Einflugbetrieb bei jeder Windrichtung durchführen zu können. Die später erfolgte Ausrüstung des Platzes mit Anflug- und Bahnbegrenzungsfeuern, mit Starthäuschen und Windanzeiger ermöglichten einen Flugbetrieb auch bei schlechterem Wetter am Tag und in der Nacht. Die ehemalige „Rübenbahn“, die Diepensee mit dem Bahnanschluss in Grünau verband, diente hauptsächlich der technischen Versorgung. Eine Verbindungsstrecke zur Neukölln-Mittenwalder Eisenbahn sicherte den Anschluss an das Netz der Reichsbahn und gewährleistete den Personentransport aus Berlin und der Umgebung. Mit der Verlängerung der Straßenbahnlinie von Rudow bis Schönefeld war auch die Einbindung in den städtischen Nahverkehr erfolgt. Auf Weisung der sowjetischen Militärverwaltung wurde die Startbahn in der Hauptwindrichtung 232 Grad auf 2.000 Meter verlängert und Zu- bzw. Abrollwege angelegt und befestigt. Eine elektrische Bahnbefeuerung sowie eine Funk- und Peileranlage gewährleisteten einen sicheren Nacht- und Allwetter-Flugbetrieb (I/35). Mit

Ein Blick von oben auf die Gesamtanlage des Flughafen Berlin-Schönefeld in den 1970er Jahren.

dem Beginn des zivilen Luftverkehrs der DDR wurden in den verbliebenen Anlagen der ehemaligen Luftfahrterprobungsstelle Abfertigungs- und Flugsicherungseinrichtungen geschaffen und eine Ringrollbahn mit Anschluss an die Landebahn gebaut. Nachdem in Sperenberg ein Ersatzflugplatz für die militärische Transport-Fliegerabteilung gebaut und der letzte sowjetische Soldat Schönefeld verlassen hatte, begann der zügige Ausbau des Flughafens. In Schönefeld wurde die ehemalige Lehrwerkstatt der HFW zu einem Passagierterminal ausgebaut, ein Fracht-Umschlaglager eingerichtet und notwendige Versorgungsanlagen sowie ein Hotel in Betrieb genommen. Eine direkte Straßenanbindung und der Bau eines Bahnhofs für den Fernreiseverkehr sowie den Nahverkehr mit der S-Bahn verbesserte die Erreichbarkeit des Flughafens. Später erfolgte auch die Anbindung an die Autobahn. Zwei parallele Pisten mit allen Funk- und beleuchtungstechnischen Anlagen wurden neu gebaut und sicherten den internationalen Flugbetrieb unter allen Wetterbedingungen. Der Architekt für Flughafenbau im Innenministerium, Dipl.-Ing. Ernst Haas, wurde beauftragt, einen Generalausbauplan für den Flughafen Schönefeld auszuarbeiten. Der Plan sah den Ausbau des Flughafens in vier Bauabschnitten vor, er musste jedoch mehrfach überarbeitet und der jeweiligen politischen und wirtschaftlichen Lage angepasst werden. 1962 wurde ein Entwurfsbüro für Flughafenanlagen der zivilen Luftfahrt gebildet. Nach der Einrichtung einer Hauptverwaltung Zivile Luftfahrt im Ministerium für Verkehrswesen wurde auch eine Staatliche Flughafenverwaltung (SFV) gebildet, die Helmut Oertel als Direktor leitete. Ihm unterstanden damit auch die Inlandflughäfen mit DLH-eigenem Personal und den entsprechenden Abfertigungseinrichtungen. 1976 wurde ein modernes Passagierterminal eröffnet, welches die Kapazität des Flughafens beträchtlich erweiterte. Nach dem Ende der INTERFLUG wurde der Flughafen Schönefeld selbständig und in die Flughafenlandschaft der Bundesrepublik eingegliedert.

2. August 1937

Die sog. Henschel-Bahn von Grünau über Bohnsdorf nach Diepensee wird von der Fa. Vering & Wächter in Betrieb genommen.

26. Mai 1938

108 Flugzeuge absolvieren im Rahmen des Deutschlandflugs eine Geschicklichkeitsprüfung am Flugplatz in Schönefeld.

11. April 1939

Der erste Prototyp des Höhenforschungsflugzeugs Hs 128 startet zum Erstflug in Schönefeld.

Das zweimotorige Höhen-Kampfflugzeug Hs 128 in Schönefeld.

12. November 1939

Eine sowjetische Expertengruppe der Luftfahrtindustrie besichtigt die Fertigungsanlagen in Schönefeld.

11. Mai 1955

Die ersten Mitarbeiter der DLH unter Leitung von Werner Kießling nehmen ihre Arbeit in Diepensee auf.

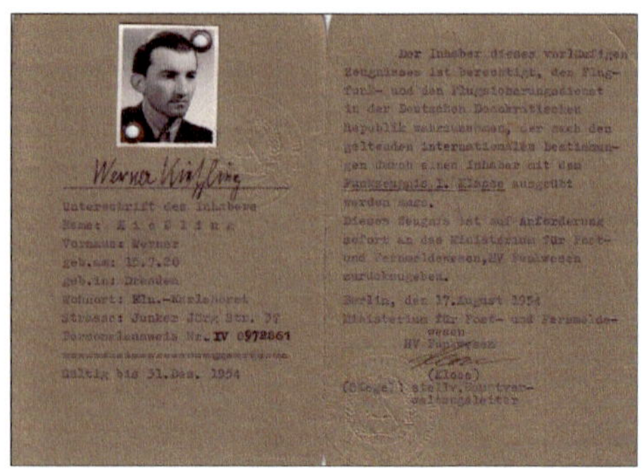

Werner Kießling
Unterschrift des Inhabers
Name: K i e ß l i n g
Vorname: Werner
geb. am: 15.7.20
geb. in: Dresden
Wohnort: Bln.-Karlshorst
Strasse: Junker Jörg Str. 37
Personalausweis Nr. IV 0972861
Gültig bis 31. Dez. 1954

Der Inhaber dieses vorläufigen Zeugnisses ist berechtigt, den Flugfunk- und den Flugsicherungsdienst in der Deutschen Demokratischen Republik wahrzunehmen, der nach den geltenden internationalen Bestimmungen durch einen Inhaber mit dem Funkzeugnis 1. Klasse ausgeübt werden muss.
Dieses Zeugnis ist auf Anforderung sofort an das Ministerium für Post- und Fernmeldewesen, HV Funkwesen zurückzugeben.
Berlin, den 17. August 1954
Ministerium für Post- und Fernmeldewesen
HV Funkwesen
(Kloss)
(Siegel) stellv. Hauptverwaltungsleiter

Das Funkzeugnis von Werner Kießling, einem der ersten deutschen Mitarbeiter der DLH in Diepensee.

28. Juni 1955

In Schönefeld beginnt die Flugwetterwarte unter der Leitung von Richard Lehmann ihre Tätigkeit.

10. August 1955

Die Direktion der DLH bezieht ihr Quartier in der Französischen Straße in Berlin.

29. August 1955

Die bulgarische TABSO landet erstmals in Schönefeld.

26. April 1956

Beim Landeanflug auf die SLB 23 in Schönefeld kollidiert eine sowjetische Li-2 mit dem Turm der Kirche in Bohnsdorf und stürzt ab, alle sieben Insassen kommen ums Leben.

1. April 1957

Die holländische KLM eröffnet in Berlin-Ost ein eigenes Stadtbüro.

15. September 1957

An der Betriebsschule in Schönefeld werden erstmalig 35 Flugzeugmechaniker ausgebildet.

5. November 1958

Der Flugmedizinische Dienst nimmt in Schönefeld mit einer Sanitätsstelle und der Kontrolle bzw. Betreuung des fliegenden Personals seine Arbeit auf.

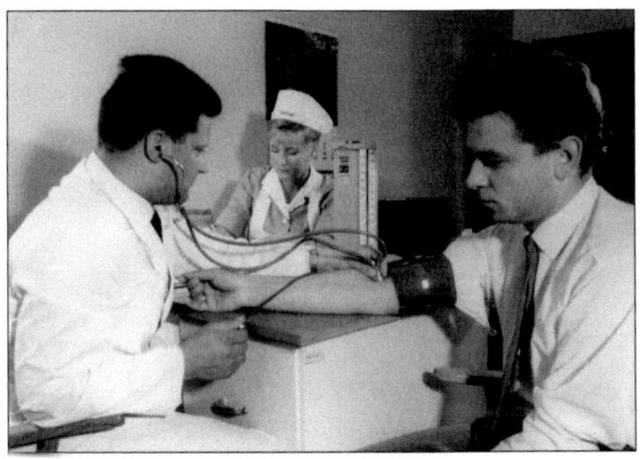

Kapitän Klaus Petzold bei der medizinischen Vorstartkontrolle.

11. Mai 1959

INTERFLUG eröffnet mit IL-14 einen täglichen Kurierdienst nach Genf zur Außenministerkonferenz.

Eine IL-14 der INTERFLUG beim Kurierdienst zur Außenministerkonferenz in Genf.

27. Mai 1964

Erstmals bringt ein Flugzeug der CUBANA Touristen nach Berlin.

Die CUBANA landete erstmals mit einer Bristol Britannia in Schönefeld.

30. Januar 1975

Am neuen Passagierterminal wird Richtfest gefeiert, ein Jahr später erfolgt die Inbetriebnahme.

16. Juni 1978

Der Nationale Verteidigungsrat fasst den Beschluss zur Verlegung des Regierungs-Geschwaders TG-44 nach Schönefeld (IV/253). Dafür werden 236 Mio. Mark aufgewendet.

28. Juli 1978

Wegen eines Schadens, der in Gander nicht repariert werden konnte, überquert erstmals eine IL-62 mit nur drei arbeitenden Triebwerken den Nordatlantik.

6. Februar 1979

Erstmals landet eine Iljuschin IL-76 mit 40 Tonnen Fracht in Schönefeld.

28. März 1980

Am Flughafen Schönefeld nimmt die MITROPA ein neu erbautes Cateringgebäude in Betrieb.

10. April 1980

Der Inlandflugverkehr in der DDR wird wegen Unrentabilität eingestellt.

25. August 1980

Mit dem Beschluss Nr. 180/1.3/80 des Ministerrats wird der Landeskenner für DDR-Luftfahrzeuge von bisher DM-... in DDR-... umgewandelt.

1. September 1980

Ein Simulator für die Flugzeuge Tu-134/A wird in Schönefeld in Betrieb genommen.

1. April 1981

Unter der Leitung von Flugkapitän Dieter Sachse nimmt das Antihavarie-Trainingszentrum (AHTZ) seinen Betrieb auf.

Der Leiter des AHTZ, Kapitän Dieter Sachse (stehend), am Bedienpult des Simulators Tu-134/A.

1. Juni 1981

Am und im Müggelsee findet eine groß angelegte Seenot-Rettungsübung des fliegenden Personals statt.

Bordpersonal der INTERFLUG bei einer Seenotübung im Müggelsee.

14. März 1984

Das umgebaute Verkehrsflugzeug Iljuschin IL-18 mit der Kennung DDR-STP fliegt erstmals als Kalibrierungsflugzeug im Dienst der Flugsicherung.

Das ehemalige Passagierflugzeug IL-18, DDR-STP, als Kalibrierungsflugzeug der Flugsicherung.

10. Juli 1984

Eine Tu-134A der Aeroflot landet in Schönefeld und wird dem MfS zum Training der Antiterroreinheit übergeben (V/166).

1. Januar 1985

Für die Abfertigung der Fluggäste aus Westberlin wird ein Anbau an der Ostseite der NPA eröffnet, im Volksmund als „Türkenschleuse“ bezeichnet.

28. Juni 1985

Nach diplomatischen Protesten der schwedischen Regierung muss INTERFLUG die Beförderung von Asylanten aus dem Nahen Osten nach Europa einstellen.

21. August 1986

Für den Bau des Flieger-Trainingszentrums in Schönefeld wird der Grundstein gelegt. Das Zentrum wird am 24. März 1988 übergeben.

Blick in die Baugrube des zukünftigen FTZ.

12. Dezember 1986

Beim Anflug zur Landung stürzt eine Tu-134A der Aeroflot über Bohnsdorf ab, 70 der Insassen kommen dabei ums Leben (IV/254).

27. Dezember 1986

Erstmals überquert eine IL-18 der INTERFLUG ohne spezielle Navigationsausrüstung den Nordatlantik.

6. August 1987

In Schönefeld wird ein neues Rechenzentrum mit zwei Robotron-Rechenanlagen in Betrieb genommen.

20. September 1987

Der 300 Tonnen schwere Riesenfrachter Antonow An-124 fliegt Schönefeld erstmals an.

Eine Frachtmaschine Antonow An-124 ist in Schönefeld gelandet.

31. März 1988

In Schönefeld trifft der sowjetische Kranhubschrauber Mi-10K *(Abbildung)* mit der Kennung CCCP-04135 ein, der bis Oktober mit seinem Hubvermögen bis 8,5 Megapond Leistungen für die Industrie erbringt.

Ein Kranhubschrauber Mi-10K der Aeroflot.

17. Juni 1989

Die fast werksneue IL-62M mit der Kennung DDR-SEW havariert beim Start zum Linienflug nach Moskau. Das Unglück fordert 21 Tote, das Flugzeug brennt völlig aus. (V/38).

Die Reste der verunglückten IL-62M, DDR-SEW, bei Waßmannsdorf.

5. August 1990

Erstmals landet ein DDR-Rettungshubschrauber in Tegel und eine Boeing 747 der Lufthansa in Schönefeld.

7. Der Verkehrsflug der INTERFLUG

Nach der Ausschaltung der westdeutschen Störmanöver gegen den DDR-Luftverkehr und die allmähliche Überwindung der Hallstein-Doktrin entwickelte sich die INTERFLUG rasch zu einer international anerkannten und in den Weltluftverkehr integrierten Fluggesellschaft. In 23 Ländern auf vier Kontinenten wurden eigene Betriebsvertretungen eingerichtet. Der Flughafen Schönefeld wurde ausgebaut (III/245), schnelle Straßen-, Auto- und Eisenbahnverbindungen eingerichtet und die Flotte modernisiert. Ab 1964 wurden die IL-14 nach und nach ausgesondert und durch die zweimotorigen PTL-Flugzeuge Antonow An-24 ersetzt (III/31). Mit dem zweistrahligen Mittelstreckenflugzeug Tupolew Tu-134 begann 1969 auch bei INTERFLUG das Strahlflugzeugalter (III/63). Ein Jahr später kamen mit Iljuschin IL-62 vierstrahlige Langstreckenflugzeuge in die Flotte und damit konnte der Atlantikflugverkehr regulär betrieben werden (III/106). Ab 1971 gab es im Messeflugverkehr eine neue Dimension, die Flugzeuge der INTERFLUG landeten nun zunehmend auf bundesdeutschen Flughäfen wie Hamburg, Frankfurt, Düsseldorf und Stuttgart. Auch die Schweiz und Frankreich wurden in den Messesonderflugverkehr eingebunden. Da die innerdeutsche Grenze, die gleichzeitig die Grenze zwischen der NATO und dem Warschauer Pakt war, nicht überflogen werden durfte, mussten Umwege über die ČSSR bzw. über die Ost- und Nordsee in Kauf genommen werden. 1972 verfügte der Minister für Verkehrswesen, Otto Arndt, wieder eine Neustrukturierung der INTERFLUG.

Allerdings gab es auch einige Probleme, die sich negativ auf den Flugbetrieb auswirkten, so z.B. die Unzuverlässigkeit der sowjetischen Triebwerke (III/131) und nicht zuletzt terroristische Anschläge (III/100) und Flugzeugkatastrophen (III/166). 1977 betrug das Liniennetz der INTERFLUG rund 87.000 km und planmäßig wurden 42 Städte in 27 Ländern angeflogen. 1974 war die DDR bereits Mitglied in 11 UNO-Organisationen, durch 40 staatliche Luftverkehrsabkommen, über 100 Verkaufsabkommen mit ausländischen LVU, Reisebüros und Speditionen sowie durch 80 Interline-Abkommen war die DDR-Zivilluftfahrt 1977 im Weltluftverkehr fest verankert.

6. Juni 1964

Das bis dahin größte Passagierflugzeug der Welt, die sowjetische Tupolew Tu-114, landet erstmals in Schönefeld.

Das damals weltweit größte Passagierflugzeug Tu-114 holt Fußballfans zum Spiel nach Moskau in Schönefeld ab.

24. Juni 1964

Die ersten vier IL-14 werden nach Kairo überflogen und der ägyptischen Luftwaffe übergeben.

1. Januar 1965

Die Leitung und Organisation der zivilen Luftfahrt der DDR wird neu geordnet. INTERFLUG besteht aus den Betrieben Verkehrsflug, Wirtschaftsflug und Flughäfen.

12. Januar 1965

In Warschau eröffnet die DLH gemeinsam mit dem Reisebüro der DDR die erste Auslandsvertretung mit einem Stadtbüro.

Ab 1966 beherrschten die Antonows An-24 den Inlandflugverkehr.

1. März 1966

Die erste von 7 Flugzeugen des Typs Antonow An-24 mit der Werknummer 67302206 trifft in Schönefeld ein, das Kennzeichen lautet DM-SBA.

19. März 1966

Flugkapitän Dieter Sachse eröffnet mit der An-24 auf dem Flug nach Dresden den Inlandflugverkehr mit Turboprop-Flugzeugen (III/39).

29. Juli 1968

Die erste Tu-134 mit dem Kennzeichen DM-SCA vor dem Hangar in Diepensee.

Die erste von acht zweistrahligen Mittelstreckenflugzeugen Tupolew Tu-134 wird von der DDR importiert. Vier davon fliegen zunächst bei den Regierungsfliegern, ehe sie 1975 in die Flotte der INTERFLUG übernommen werden.

18. November 1968

Mit dem Kurzstreckenflugzeug An-24 fliegt der Autor im Direktflug von Schönefeld nach Moskau-Vnukowo über die Distanz von knapp 1.700 Kilometern.

30. November 1968

Unter dem Kommando von Kapitän Rolf Heinig startet die Tu-134 DM-SCB zum ersten Linienflug nach Moskau.

28. Februar 1969

Der Messeflugverkehr von Leipzig-Schkeuditz nach Kopenhagen und Wien wird von Tu-134 übernommen.

1. Februar 1970

Kurt Diedrich wird zum Generaldirektor der INTERFLUG berufen.

Kurt Diedrich als Generaldirektor der INTERFLUG.

10. März 1970

Ein bewaffneter Terrorist versucht das Linienflugzeug von Berlin nach Leipzig in seine Gewalt zu bekommen. Als der Versuch scheitert, nimmt der Angreifer sich selbst und seiner Begleiterin das Leben (III/101).

Die erste IL-62 mit dem Kennzeichen DM-SEA wird in Moskau übernommen.

22. April 1970

Flugkapitän Dieter Heeger landet das erste vierstrahlige Langstreckenflugzeug, eine Iljuschin IL-62 mit dem Kennzeichen DM-SEA, in Schönefeld.

14. August 1972

Infolge technischer Mängel stürzt die DM-SEA bei Königswusterhausen ab, alle 156 Insassen kommen dabei ums Leben (III/167).

Mit dem Kennzeichen DM-SCI wird die erste modifizierte Tu-134A in Dienst gestellt.

11. Mai 1973

Die INTERFLUG-Piloten Dieter Sachse und Klaus Petzold überfliegen die modernisierte Tu-134A aus dem Flugzeugwerk Charkow nach Schönefeld. Sie wird unter der Registrierung DM-SCI eingeflottet. Die DDR importierte insgesamt 31 Flugzeuge dieses Typs.

28. August 1973

Kapitän Gerd Köhler überquert erstmals mit der IL-62 den Nordatlantik und bringt Hochseefischer zu ihrem Fangschiff nach Kuba.

3. März 1974

Die Bundesrepublik Deutschland anerkennt als eine der letzten Staaten die DDR. Zur Vorbereitung hatten Diplomaten einen regen Flugverkehr mit Regierungsflugzeugen zwischen den beiden deutschen Staaten initiiert.

1. September 1975

Beim Landeanflug in Leipzig verunglückt die Tu-134 mit dem Kennzeichen DM-SCD, wobei 27 Menschen ums Leben kamen (III/172).

1. Februar 1976

INTERFLUG verkauft die An-24 DM-SBA an die bulgarische BALKAN, sie erhält das Kennzeichen LZ-ANL.

12. September 1978

Der Linienflugverkehr nach Addis Abeba, der Hauptstadt Äthiopiens wird eröffnet.

21. Oktober 1978

Eine IL-62 der INTERFLUG landet erstmalig in Tokio.

20. Dezember 1980

Mit einer Bombendrohung versucht ein Betriebsangehöriger eine Tu-134 auf dem Flug nach Budapest zur Flugänderung zu zwingen. Der Versuch scheitert und der Entführer muss sich vor Gericht verantworten, doch er wird von der BRD freigekauft (III/102).

26. September 1989

Da inzwischen die verbesserte Version IL-62M den Dienst bei INTERFLUG übernommen hat, werden die verbliebenen IL-62 ausgemustert.

8. Agrar- und Wirtschaftsflug in der DDR

Im Statut der 1955 gegründeten DLH der DDR wird im § 4 u.a. als Aufgabe *„die Durchführung von Flügen für geologische, geodätische, kartographische und meteorologische Zwecke sowie für Aufgaben auf dem Gebiet der Forschung, der Schädlingsbekämpfung und für andere Aufgaben land- und forstwirtschaftlicher Art“* fest geschrieben. Nachdem bereits im Herbst 1948 Flugzeuge der sowjetischen Besatzungsmacht zur Schädlingsbekämpfung aus der Luft eingesetzt wurden, beschäftigte man sich Anfang der 1950er Jahre an der Universität in Jena mit Untersuchungen zum Einsatz von Landwirtschaftsflugzeugen in der DDR. In Schönefeld wurde die Abteilung Wirtschaftsflug aufgestellt, die als Direktor von Wilhelm Gorzel geleitet wurde. Im August 1956 stellt die tschechische ČSA ein Flugzeug vom Typ K-65 – ein Nachbau der deutschen Fi-156, als „Fieseler Storch“ bekannt - für erste Versuchsflüge zur Verfügung. Ab März 1957 baute die DLH nach und nach eine eigene Flotte auf, in der zunächst das Muster L-60 „Brigadyr“ zum Einsatz kam (III/180). Hunderte von begeisterten Menschen bewarben sich als Piloten, Mechaniker und Agronomen, um in diesem neuen Aufgabenfeld tätig zu werden. 1966 flogen bereits 42 L-60 und 20 Doppeldecker An-2 im Wirtschaftsflug. Um diesem rasanten Wachstum Rechnung zu tragen, wurden große Anstrengungen unternommen, um fähiges Personal auszubilden. 1970 wurde der Bereich „Fliegerische Aus- und Weiterbildung“ (FAW) gegründet, die Leitung für die Ausbildung der „fliegenden Landwirte“ übernahm Rudi Neuendorf (III/186). 1967 begann die Einführung der moderneren und leistungsfähigeren Z-37 aus der ČSSR, von der schließlich 234 Exemplare im Agrarflug zum Einsatz kamen. Leider wurden während des Einsatzes rund 30 davon durch Flugunfälle zerstört.

Drei Jahre später kam es auch zum Einsatz von Hubschraubern Kamow Ka-26 im Pflanzenschutz. Allein 1971 wurden damit in 212 Arbeitsflugstunden reichlich 13.000 Hektar avio-chemisch bearbeitet und dabei immer neue Einsatzgebiete erschlossen. So erfolgte der Einsatz in den Weinanbaugebieten entlang der Elbe und an der Unstrut. Im Mittelgebirge sowie in der Graslanderneuerung waren die wendigen Hubschrauber besonders gefragt. Bis 1976 vergrößerte sich der Bestand an Ka-26 im Agrarflug auf 17 Hubschrauber. Die Leistungen der Agrarflieger fanden internationale Anerkennung, so z. B. bei Einsätzen in Bulgarien und Ägypten. Im Wirtschaftsflug wurden auch Transporthubschrauber u.a. im Kranflug eingesetzt, daher kam es mit der zunehmenden Spezialisierung zur Bildung eines Bereichs Spezialflug (III/215) und dem Betrieb Agrarflug. Mit der ständigen Erweiterung des Umfangs der Agrarflugleistungen und neuen Anforderungen wie z. B. Pflege des Waldbestandes und Bekämpfung von Waldbränden, wurde die Leistungsgrenze erreicht. Allein 1976 kam es in der DDR zu ca. 2.400 Waldbränden, zu deren Bekämpfung 1.300 Einsätze des Agrarflugs erfolgten. In den Spitzenzeiten mussten zusätzliche Kapazitäten aus der Sowjetunion, Polen und Bulgarien gechartert und noch leistungsfähigere Technik eingesetzt werden. In 10 Bezirksstaffeln wurden rund 200 Grundflugplätze mit etwa 1.000 Arbeitsflugplätzen vom Agrarflug betrieben. 1985 waren durchschnittlich 175 Agrarflugzeuge der Typen Z-37, M-18A und PZL-106A über den Feldern unterwegs, in sieben Werften wurden die erforderlichen Wartungsarbeiten durchgeführt. Mitte der 1980er Jahre gewann der Schutz der Wälder an Bedeutung, der Betriebsteil „Waldflug“ verfügte über 36 speziell für diese Aufgabe ausgestatte Flugzeuge. Mit Flüssigblattdüngung, magnesiumhaltiger Kalkung und der Bekämpfung von Forstschadinsekten bemühten sich die Agrarflieger um die Revitalisierung der Waldbestände. Mit der Einführung von Hubschraubern Mil Mi-8 mit Turbinenantrieb ab 1967 entwickelte sich der Spezialflug zu einem echten Wirtschaftsunternehmen, dessen Leistungen im In- und Ausland gefragt waren (III/227). Als der NVR 1976 beschloss, das Luftbildwesen, welches bis dahin von den LSK betrieben wurde, der INTERFLUG zu übertragen, kam es zur Bildung des Betriebes „Fernerkundung, Industrie- und Forschungsflug“ (FIF). Spezialflugzeuge L-410UVP wurden aus der ČSSR importiert und im Südteil des Flughafens Schönefeld eine neue Betriebsanlage mit einem Investitionsaufwand von 55 Mio. Mark errichtet (IV/180).

24. November 1955

Arthur Pieck verhandelt in Ungarn über die Möglichkeit der Ausbildung von Agrarflugpiloten.

21. März 1957

Die erste L-60 mit der Kennung DM-SID und der Werknummer 150407 wird in das Luftfahrzeugregister der DDR eingetragen.

Der Wirtschaftsflug der DLH setzte als erstes Agrarflugzeug die tschechische L-60 „Brigadyr“ in großer Anzahl ein.

8. Februar 1962

Durch einen Steuerfehler des Piloten stürzte die Mi-4 DM-SPC beim Holzausflug bei Creuzburg im Thüringer Wald ab, die Crew wurde nur leicht verletzt. (III/224).

17. Januar 1963

Kapitän Günter Krönert macht mit dem Mi-4 DM-SPB den ersten Sicherungsflug für Schornsteinbauer, die einen maroden Schornstein in der Tuchfabrik Cottbus, am Seil hängend, abbauen.

10. Juni 1964

Vier An-2 starten in Schönefeld zu einem Hilfseinsatz für den Agrarflug in Bulgarien (III/209). In mehr als 300 Flugstunden werden auf knapp 20.000 Hektar Schädlinge bekämpft.

26. Juli 1964 – Die An-2 DM-SKS stürzt während eines Arbeitseinsatzes ab, beide Piloten sterben dabei (III/185).

17. September 1964

Der Agrarflugpilot Manfred Lorenz entführt eine An-2 vom Arbeitsflugplatz bei Waren und landet in der BRD. Er blieb trotz internationaler Konvention über rechtswidrige Inbesitznahme von Luftfahrzeugen unbehelligt, das Flugzeug wird auf der Straße zurück geführt (III/100).

12. September 1966

Die L-60 mit der Werknummer 151101 und der Kennung DM-SHK

So oder ähnlich endeten 30 Flugzeuge vom Typ L-60 während ihres Einsatzes.

verunglückt während eines Arbeitsflugs und wird unbrauchbar. Insgesamt mussten 30 L-60 infolge von Havarien ausgesondert werden.

16. März 1967

Als erstes der neuen Agrarflugzeuge erhält der Wirtschaftsflug die Z-37 mit der Werknummer 02-31 und der Kennung DM-SMA.

Diese Z-37 des Agrarflugs ist heute im Technikmuseum in Dessau zu besichtigen.

1. August 1967

Der drei Tage zuvor aus der Sowjetunion eingetroffene turbinengetriebene Hubschrauber Mi-8 mit dem Kennzeichen DM-SPA fliegt seinen ersten Kranflugeinsatz in der Brauerei Rostock.

29. Juli 1968

Im tschechischen Riesengebirge beginnt der Hubschraubereinsatz mit dem Mi-8 beim Wiederaufbau der Elbfallbaude in 1.300 Meter Höhe.

Eine turbinengetriebene Mi-8 des Spezialflugs beim Einsetzen eines Gittermasts.

10. Februar 1969

Die Z-37 mit der Werknummer 06-23 und der Kennung DM-SNS stürzt bei einem Arbeitsflug ab. Von insgesamt 243 Flugzeugen dieses Typs gehen rund 30 durch Flugunfälle, Beschädigungen und Wetterunbilden verloren.

17. Februar 1970

Der Mehrzweckhubschrauber Kamow Ka-26 mit der Kennung DM-SPZ

Hubschrauber des Typs Kamow Ka-26 kamen sowohl beim Agrar- als auch beim Spezialflug zum Einsatz.

wird beim Spezialflug u.a. für Kranflugeinsätze in Betrieb genommen.

1. April 1970

Am Flughafen Leipzig-Mockau nimmt die Ausbildungseinrichtung für Agrarflugpiloten unter Leitung von Rudi Neuendorf ihre Arbeit auf.

16. April 1970

Mi-8 des Spezialflugs fliegen Sandsäcke zur Abdichtung von Deichanlagen an der Peene.

8. Mai 1972

Am Leipziger Bahnhof Schönefeld fliegt ein Hubschrauber erstmals Quertragwerke für die Streckenelektrifizierung der Reichsbahn ein.

25. August 1973

Der Stationsmechaniker Jürgen Glaser stiehlt vom Arbeitsflugplatz Ganzow die Z-37 DM-SQL und flieht mit Frau und Kind in die BRD. Ihm, der noch nie ein Flugzeug gesteuert hatte, gelingt in Lübeck eine Bruchlandung ohne Personenschaden.

Die entführte Z-37, DM-SQL, nach der Bruchlandung in Lübeck.

16. August 1975

Erstmals wird eine Z-37 im Kreis Zerbst als Löschflugzeug eingesetzt.

20. Juli 1976

Bei einer Standschwebe am Grundflugplatz Heinersdorf bei Lobenstein havariert der Hubschrauber Ka-26 mit der Kennung DM-SPW und muss außer Dienst gestellt werden. Als Ersatz wird später ein Ka-26 vom ungarischen Militär gekauft.

20. April 1979

Im Bereich Damgarten wird das polnische Agrarflugzeug M-15 mit TL-Antrieb ausgiebig getestet.

Das erste Agrarflugzeug der Welt, die polnische M-15, bei der Erprobung mit Turbinenantrieb in der DDR-Landwirtschaft.

29. August 1979

Die SLI erteilt die Freigabe für den Einsatz des polnischen Agrarflugzeugs PZL106A in der DDR.

1. April 1981

Auch die neuen polnischen Agrarflugzeuge bleiben nicht von Unfällen verschont. Die PZL-106A mit dem Kennzeichen DM-TAH stürzt während eines Arbeitsflugs in der Nähe von Wittenberg ab – Totalschaden.

Das polnische Landwirtschaftsflugzeug PZL-106A wurde in erheblicher Anzahl im Agrarflug eingesetzt.

10. November 1982

Der Betrieb FIF nimmt das erste von insgesamt sechs Mehrzweck-Flugzeugen des tschechischen Typs L-410 mit der Werknummer 820923 und der Kennung DDR-SXA in seinen Flugzeugpark auf.

Im Betrieb FIF wurden sechs Mehrzweckflugzeuge L-410UVP aus der ČSSR betrieben.

25. September 1984

Im Südteil des Schönefelder Flughafens geht eine völlig neu errichtete Basis für den Luftbildbetrieb in Nutzung. Mit 24 Mio. Mark Bau- und 31 Mio. Mark Ausrüstungsinvestitionen wird ein Beschluss des NVR umgesetzt (V/180).

6. August 1985

Zum ersten Mal wird ein Mi-8 zur Waldbrandlöschung eingesetzt.

12. April 1986

Im Bahnhof Bad Kleinen wird der 1.000tse Kilometer elektrifizierter Eisenbahnstrecke feierlich übergeben.

24. April 1988

Am Flughafen Erfurt nimmt der neu geschaffene Betriebsteil Waldflug seine Arbeit auf.

1. April 1990

Der Agrarflug wird aus der INTERFLUG ausgegliedert und wird zur Flugservice und Development GmbH (FSB).

28. September 1990

Für den Hubschraubereinsatz in Obstanbaugebieten wird die „DHD Heliservice GmbH“ gegründet.

9. Die zivile Luftfahrt der DDR im Kalten Krieg

Die 1970er und 1980er Jahre waren geprägt von der Konfrontation der NATO-Staaten auf der einen und dem Militärblock der sozialistischen Länder auf der anderen Seite, es tobte der Kalte Krieg. Zu den jährlichen Manövern zog die NATO allein in der BRD sieben Divisionen mit 8.500 Gefechtsfahrzeugen und 1.300 Kampfflugzeugen nahe der Grenze zur DDR zusammen. In drei westlichen Militärbezirken der Sowjetunion und den sechs kleinen „Bruderstaaten“ waren 120 Divisionen der Landstreitkräfte disloziert. Beide Seiten waren bereit zu einer kriegerischen Auseinandersetzung, auch mit atomaren und chemischen Waffen. Die ständig propagierte Gefahr eines Krieges beherrschte das Denken und Handeln der Menschen. In der DDR-Rüstungsindustrie waren rund 100.000 Menschen beschäftigt, die Aufwendungen zur ökonomischen Sicherstellung der Landesverteidigung betrugen etwa 4,5 Prozent des Nationaleinkommens. Im Februar 1960 wurde per Gesetz der Nationale Verteidigungsrat (NVR) als oberstes Organ in Fragen der Landesverteidigung gebildet und Walter Ulbricht zum Vorsitzenden ernannt. 1971 löste ihn in dieser Aufgabe Erich Honecker ab. Der NVR fasste Beschlüsse zur Einbindung der Volkswirtschaft, besonders des Verkehrswesens und der Versorgungs- und Lagerwirtschaft, in das System der Landesverteidigung. Formal war die DLH/INTERFLUG ein Betrieb des Verkehrswesens, jedoch war der eigentliche „Oberbefehlshaber“ immer der Verteidigungsminister. Das betraf sowohl die Entscheidungen über die materielle Ausstattung des Unternehmens als auch die Personalfragen. Im Januar 1972 unternahm der Leiter der HVZL, Oberst d.R. Paul Wilpert, im Auftrag des Verteidigungsministers den Versuch, die INTERFLUG als staatliches Unternehmen direkt dem MfNV zu unterstellen. Der Verkehrsminister, Otto Arndt, konnte das Ansinnen abwehren. Trotzdem richteten sich die Anstrengungen der Mitarbeiter der zivilen Luftfahrt stets auf die Erhöhung ihrer Leistungen und der Verbesserung der Qualität ihrer Arbeit.

21. Februar 1957

Im Ministerratsbeschluss 53/10 heißt es u.a.: „*...die DLH ist ein selbständiger Luftverkehrsbetrieb, die staatliche Aufsicht übt der Innenminister Willi Stoph aus...*“.

1. Mai 1957

Das Kampfgruppen-Bataillon der DLH erhält ein Traditionsbanner des Rot-Front-Kämpferbunds verliehen.

Die Kampfgruppeneinheit der INTERFLUG paradiert in der Karl-Marx-Allee.

29. Juli 1957

Verteidigungsminister Willi Stoph befiehlt die Aufstellung eines militärischen Regierungsgeschwaders.

10. Februar 1960

Der Nationale Verteidigungsrat wird per Gesetz als oberstes Organ in Fragen der Landesverteidigung gebildet.

11. Juli 1967

Der NVR fasst den Beschluss über die Nutzung der zivilen Luftfahrt im Verteidigungszustand.

14. September 1967

Der Ministerrat der DDR beschließt den Aufbau der Zivilverteidigung und die Pflicht der Teilnahme an Ausbildung und Übungen der ZV-Kräfte.

18. November 1969

Beim MfS wird die HA VI geschaffen, die für die Kontrolle des Transit- und Reiseverkehrs zuständig ist.

10. März 1970

Ein bewaffneter Terrorist versucht ein Linienflugzeug der INTERFLUG zu entführen (III/101).

14. Januar 1972

Oberst d.R. Paul Wilpert, Leiter der HVZL schlägt vor, die INTER-

Der stellvertretende Verkehrsminister Paul Wilpert bei der Eröffnung des Linienflugverkehrs in Beirut.

FLUG vollständig der NVA zu unterstellen – noch wird das abgelehnt.

1. Januar 1973

Aus der bisherigen Regierungsflieger-Staffel wird das Transportflieger-Geschwader 44.

1. Juli 1975

Generalmajor Dr. Klaus Henkes aus dem Stab der LSK/LV wird zum stellvertretenden Verkehrsminister ernannt.

Generalmajor Dr. Klaus Henkes wurde 1978 neben seiner Aufgabe als Stellvertreter des Verkehrsministers auch Generaldirektor der INTERFLUG.

30. September 1977

Der NVR beschließt in seiner 52.Sitzung die Eingliederung der zivilen Luftfahrt im Verteidigungszustand in die NVA.

4. Januar 1978

Auf Weisung von Generalmajor Dr. Henkes wird der Betrieb Verkehrsflug unter Leitung von Oberst d.R. Wilpert gegründet.

1. Februar 1978

Generalmajor Henkes wird Generaldirektor der INTERFLUG.

5. März 1978

Während eines Staatsbesuchs in Libyen verunglückt Werner Lamberz, der potentielle Nachfolger von Erich Honecker, bei einem Hubschrauberflug tödlich.

16. Juni 1978

Der NVR beschließt die Einführung der IL-62M beim TG-44 und dessen Verlegung nach Schönefeld.

7. Juli 1978

Wegen der weltweit zunehmenden Anschläge auf die zivile Luftfahrt werden durch das MfS zahlreiche Maßnahmen zur Sicherung des DDR-Flugverkehrs festgelegt.

8. April 1978

Die GST-Grundorganisation der INTERFLUG veranstaltet die 1. Betriebswehrspartakiade im militärischen Mehrkampf.

26. März 1979

In der angolanischen Hauptstadt Luanda verunfallt die im Charter eingesetzte IL-18 DM-STL beim Start, die INTERFLUG-Crew und sechs Flugbegleiter kommen dabei ums Leben.

31. Juli 1979

Aus Nikaragua werden durch INTERFLUG schwer verletzte Sandinisten zur Heilbehandlung in die DDR abgeholt.

2. Oktober 1980

Die Piloten des TG-44, Hans-Joachim Fiedler und Reinhard Heichler überfliegen die erste IL-62M der INTERFLUG von Moskau nach Schönefeld, da sich die INTERFLUG-Piloten noch in der Ausbildung befinden.

13. November 1980

In Schönefeld startet eine iranische Boeing 747 mit 105 Tonnen Waffen an Bord, während auf der Ramp 1 eine irakische IL-76 ebenfalls mit „grünen Kisten" aus der DDR-Rüstungsindustrie beladen wird (IV/112).

15. Juli 1981

Das Regierungsempfangsgebäude am Flughafen Schönefeld wird grundlegend rekonstruiert.

1. Oktober 1981

Bei INTERFLUG wird eine Arbeiter- und Bauern-Inspektion (ABI) zur Kontrolle der Einhaltung der Parteibeschlüsse eingesetzt.

6. Januar 1982

Nach Abstimmung des Kommandos der LSK/LV mit dem Chef der 16. sowjetischen Luftarmee tritt die „Hauptflugregel zum Fliegen im Luftraum der DDR" in Kraft.

24. Juli 1982

Transportflugzeuge An-26 der TS-24 der LSK werden zur Beförderung von „Trassenbauern" in die Ukraine eingesetzt.

Die An-26 der LSK wurden zeitweilig auch für Flüge der INTERFLUG eingesetzt, wobei sie manchmal auch zivile Kennzeichen trugen.

7. Oktober 1982

Erich Honecker befördert Dr. Klaus Henkes zum Generalleutnant.

1. März 1983

INTERFLUG eröffnet in Paris auf dem Champs-Elysées eine eigene Betriebsvertretung, als Leiter wird der Hauptbuchhalter, Dr. Horst Uhrig, eingesetzt.

2. September 1983

Südöstlich von Berlin beginnt eine groß angelegte Übung des Agrarflugs mit dem Ziel *„Praktische Handlungen fliegerischer Einsatzkräfte zur Entaktivierung und Aufklärung von Geländeabschnitten“.* Dazu werden 31 Luftfahrzeuge auf dem Flugplatz Lindenberg konzentriert (IV/157).

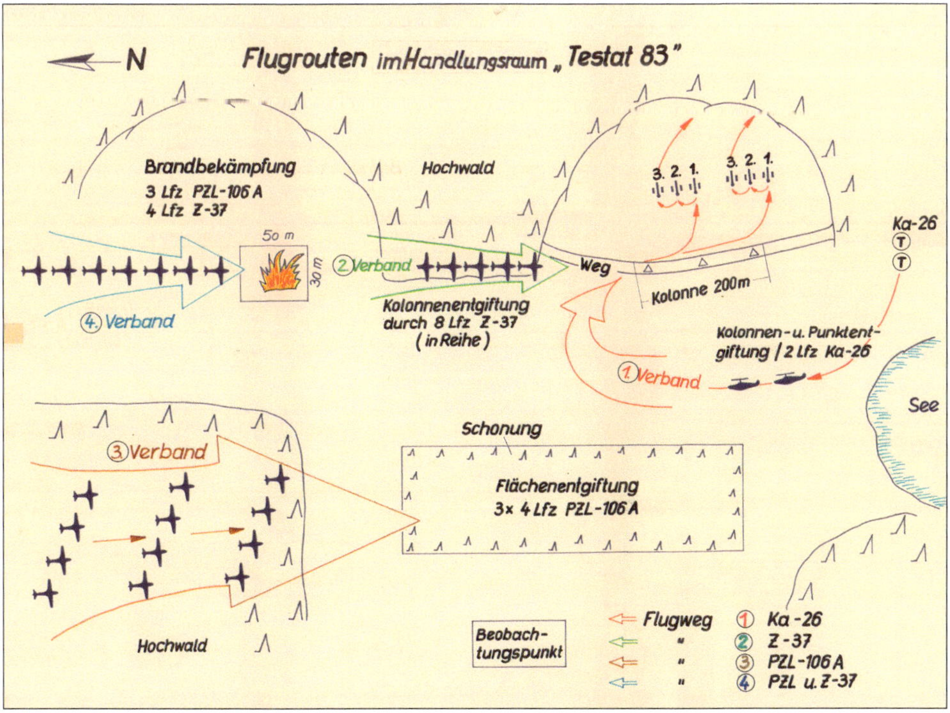

Das Dokument zeigt den Einsatz der Agrarflugzeuge bei der Übung „Testat`83“.

12. Juni 1984

Für eine Gruppe von Agrarfliegern beginnt ein mehrmonatiger Einsatz zur Sammlung von Erfahrungen im Auslandseinsatz in Ägypten (IV/163).

Auf dem Ausbildungsflugplatz Embaba stehen die ägyptischen T 188 für die deutschen Agrarflugpiloten bereit.

2. November 1984

Auf Befehl des Chefs der LSK wird eine zeitweilige Transportfliegerstaffel gebildet, die mit An-26 der LSK und IL-18 der INTERFLUG in Äthiopien „Dürrehilfe" leisten (IV/128).

Die im Rahmen der „Dürrehilfe" eingesetzte IL-18 startet vom Basisflughafen Assab zu einem Versorgungsflug ins Innere Äthiopiens.

6. Dezember 1984

Bei einem Überfall in der mosambikanischen Provinz Njassa werden sieben DDR-Aufbauhelfer getötet und mehrere verletzt.

1. Mai 1985

Für die umfassenden Solidaritätsleistungen wird INTERFLUG der „Stern der Völkerfreundschaft" in Gold verliehen.

1. April 1987

Der Linienflugverkehr nach Lagos wird eingestellt und die dortige Betriebsvertretung der INTERFLUG geschlossen.

1. Dezember 1987

Als Geheime Verschlusssache wird die Konzeption zum Schutz der DDR-Regierung und ihrer Gäste beschlossen.

10. Das Ende der INTERFLUG

In den mehr als 30 Jahren des Bestehens der zivilen Luftfahrt der DDR hatte sich INTERFLUG zu einem international anerkannten und zuverlässigen Teilnehmer am internationalen Luftverkehr entwickelt. 1989 waren gegenüber dem Vorjahr etwa 95 Mio. Mark mehr an Investitionen aufgewendet worden, die hauptsächlich der Modernisierung der Flotte zugutekamen. Der Airline standen 40 Verkehrsflugzeuge zur Verfügung, die 1989 in 51.540 kommerziellen Flugstunden 1,7 Mio. Fluggäste, 6.500 Tonnen Fracht und 2.700 Tonnen Post befördert hatten. Der Betrieb Agrarflug realisierte umfangreiche Leistungen für die Land- und Forstwirtschaft, während der Betrieb FIF in großem Umfang Flüge für die Volkswirtschaft durchführte. Der Betrieb Flugsicherung leitete im engen Zusammenwirken mit den Nachbarstaaten und dem Militär den gesamten zivilen Flugverkehr über dem Territorium der DDR. Die Gewinn- und Verlustrechnung des Unternehmens wies zum Jahresende 1989 einen Erlös aus Verkehrsleistungen in Höhe von 1,8 Mrd. Mark aus, für die betriebliche Nutzung standen davon 137,6 Mio. Mark zur Verfügung. Der Personalbestand war auf 7.550 Mitarbeiter angewachsen. Der Generaldirektor hatte die Entwicklung erkannt und trotz seines nicht unumstrittenen Führungsstils die Orientierung und den Zugang der Fachleute auf westliche weiter fortgeschrittene Unternehmen ermöglicht. Die westlichen LVU rüsteten seit geraumer Zeit ihren Flugzeugpark auf moderne Muster um und in Anbetracht der sich ständig verschlechternden Beziehungen zur sowjetischen Luftfahrtindustrie richtete sich das Interesse der INTERFLUG auf Erzeugnisse des europäischen Flugzeugbauers Airbus. INTERFLUG beschaffte 1989 drei Flugzeuge vom Typ A310-304. Die allgemeine Unzufriedenheit in der Bevölkerung der DDR zum Ende der 1980er Jahre übertrug sich auch auf die Beschäftigten der INTERFLUG, so dass es zunehmend zu Protestaktionen kam. Eine Umstrukturierung mit dem Ziel, INTERFLUG als reine Fluggesellschaft überleben zu lassen, wurde 1990 eingeleitet. Nach der Wiedervereinigung wurde das Unternehmen aber Eigentum der Bundesrepublik und in ihrem Auftrag verkündete die Treuhandanstalt die Liquidation der INTERFLUG.

15. November 1985

Wegen zunehmender Wartungs- und Fertigungsmängel in den sowjetischen Flugzeugwerken richtet der Verkehrsminister einen energischen Protest an seinen Partner in Moskau.

28. Februar 1986

Bundeskanzler Helmut Kohl lehnt eine Erweiterung des Flugverkehrs zwischen der DDR und der BRD ab.

6. Januar 1988

Eine Gruppe INTERFLUG-Manager fliegt nach Toulouse zur Verhandlung über den Einsatz von Airbus-Flugzeugen (V/58).

7. Juli 1988

Dr. Henkes unterschreibt den Vertrag über den Kauf von drei Flugzeugen A310-304 durch INTERFLUG.

Der Kaufvertrag für drei Airbusse vom Typ A310 wird von Jean Pierson (links) und Dr. Henkes unterschrieben.

30. August 1988

Im FTZ wird der modernste Simulator für die Flugsicherung übergeben.

21. März 1989

Mit einer IL-18 holt Kapitän Peter Schulze das komplette Computer-Trainingsequipment für die Schulung der künftigen Airbus-Piloten in Toulouse ab.

17. Juni 1989

Beim Start zum Linienflug nach Moskau verunglückt die IL-62M DDR-SEW in Waßmannsdorf, es sterben 21 Menschen (V/38).

28. Juni 1989

Bei einem Testflug mit rund 200 Betriebsangehörigen an Bord gerät der Airbus A310 DDR-ABA in Luftnot. Der Flug wird abgebrochen und die Maschine kann ohne Probleme nach Schönefeld zurück fliegen (V/71).

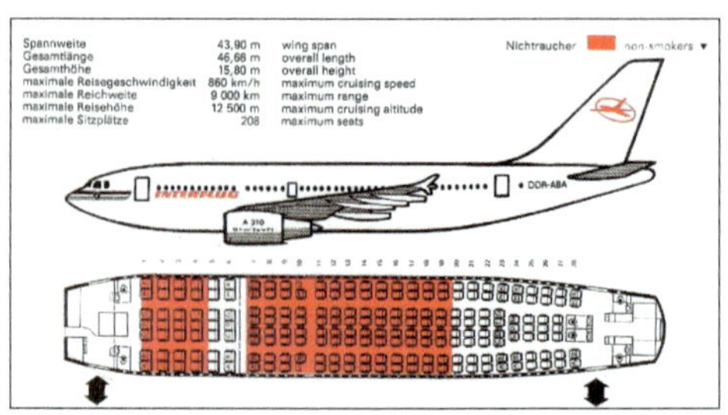

Der Sitzplan und einige Leistungsdaten des A310 wurden so im Flugplan dargestellt.

1. Juli 1989

Der erste Linienflug mit dem Airbus der INTERFLUG führt nach Athen.

11. August 1989

Mit der IL-62M DDR-SET eröffnet INTERFRLUG den Linienverkehr zwischen Leipzig und Düsseldorf, Kapitän ist Eberhard Wallroth.

Die Crew des ersten Linienflugs von Leipzig nach Düsseldorf stellt sich dem Fotografen.

23. Oktober 1989

In einer spektakulären Aktion landet Kapitän Dieter Kallbach die IL-62 DDR-SEG auf einem 800 m langen Rasenstück in Stölln.

Am 23. Oktober 1989 fand die spektakuläre Landung einer IL-62 auf dem nur 800 Meter langen Rasenplatz in Stölln statt.

1. November 1989

Kapitän Gerd Köhler eröffnet den Linienflugverkehr nach Mexiko mit dem A130.

7. November 1989

In einer Protestversammlung fordern die Mitarbeiter Verbesserungen ihrer Arbeits- und Lebensbedingungen vom Generaldirektor.

16. November 1989

Kapitän Peter Schulze landet die ausgemusterte IL-18 DDR-STE auf dem kleinen Flugfeld in Borkheide.

Die ausgediente IL-18, DDR-STE, dient in Borkheide als „Hans Grade Museum".

20. November 1989

Die Piloten Uwe Lambrecht und Steffen Harrer stellen bei einem Flug von Japan nach Berlin mit 8.750 Kilometern einen Langstreckenrekord für die A310 auf.

19. Januar 1990

In einer gemeinsamen Erklärung verkünden Lufthansa AG und INTERFLUG ihre beabsichtigte Zusammenarbeit.

Heinz Ruhnau (links) und Andreas Kramer unterzeichnen die Vereinbarung über die Zusammenarbeit Lufthansa – INTERFLUG.

29. Januar 1990

Kapitän Nembach landet die Tu-134AN DDR-SCL auf der NATO-Basis Lahr im Schwarzwald.

1. Februar 1990

INTERFLUG übernimmt das Trainingsobjekt des MfS am Flugplatz Eilenburg in der Absicht, dort eine Verkehrsfliegerschule einzurichten (V/100).

4. Mai 1990

Nach dem Rücktritt von Dr. Henkes als Generaldirektor erhält INTERFLUG eine fünfköpfige Geschäftsleitung, Hauptgeschäftsführer wird Dr. Andreas Kramer.

Die neue Geschäftsführung der INTERFLUG posiert hier vor einer L-410UVP.

5. Juni 1990

In Anklam wird der „Lilienthal Förderverein“ als Dachverband der Flieger und Ballonfahrer gegründet.

30. Juni 1990

Die Geschäftsleitung legt ein Konzept zur Weiterführung der INTERFLUG unter den veränderten gesellschaftlichen Bedingungen vor.

1. Juli 1990

81 Flugfrequenzen nach Osteuropa werden aus dem Flugplan der INTERFLUG gestrichen.

4. Juli 1990

196 Flugleiter der INTERFLUG werden von der bundesdeutschen Flugsicherung übernommen.

30. Juli 1990

Das Bundeskartellamt untersagt die Beteiligung der Lufthansa an INTERFLUG.

5. August 1990

Eine Boeing 747 der Lufthansa landet erstmals in Schönefeld.

10. August 1990

Lufthansa und INTERFLUG beschließen ein gemeinsames Simulatorzentrum zu betreiben – nach dem Aus für INTERFLUG geht das FTZ in den Besitz der Lufthansa über.

Das ehemalige FTZ der INTERFLUG ist nun das Lufthansa-Trainingszentrum.

17. August 1990

Die Flughäfen werden ausgegliedert und in eigenständige GmbH umgewandelt.

30. September 1990

Im TG-44 wird der letzte Apell unter dem Kommandeur Oberst Wolfgang Gleis durchgeführt.

3. Oktober 1990

Im Zuge der Auflösung der INTERFLUG wird aus dem Betrieb FIF die Berliner Spezialflug GmbH (BSF), Geschäftsführer wird Dipl.-Ing Horst Huth (V/181).

8. November 1990

Das geplante Gemeinschaftsunternehmen InterCondor wird gestrichen.

Das geplante Gemeinschaftsunternehmen InterCondor sollte mit Boeing B 757 an den Start gehen.

14. November 1990

INTERFLUG chartert eine österreichische Dash-8 zur Aufrechterhaltung des Nachbarschaftsverkehrs.

6. Januar 1991

INTERFFLUG landet erstmals in Tel Aviv.

8. Februar 1991

Die Treuhandanstalt verkündet die Liquidation der INTERFLUG.

11. Februar 1991

Durch einen Bedienfehler der Piloten des A 310 kommt es bei einem Durchstart-Manöver in Moskau zu einer gefährlichen Fluglage, die jedoch glücklich geklärt wird (V/84).

6. März 1991

Rund 200 INTERFLUG-Mitarbeiter fliegen mit einem gecharterten Airbus nach Köln-Bonn, um Bundespräsident von Weizäcker eine Petition mit der Bitte um Unterstützung des Erhalts ihrer Arbeitsplätze zu überbringen.

12. März 1991

Der Liquidator Dr. Wellensiek bestätigt, dass der politische Wille, die INTERFLUG zu erhalten, nicht gegeben war.

30. April 1991

Mit dem Linienflug Schönefeld-Wien-Schönefeld, den Kapitän Klaus Petzold mit der Tu-134A D-AOBC durchführt, endet der Flugbetrieb der INTERFLUG.

Auf dem Postbeleg hat sich die Crew des letzten Linienflugs verewigt.

5. Juni 1991

Für die Flughafen Betriebsgesellschaft Schönefeld (FBS) konstituiert sich ein 12-köpfiger Aufsichtsrat mit dem Brandenburger Wirtschaftsminister als Vorsitzenden (V/188). .

1. November 1991

Kapitän Knäblein gründet mit 80 Mitarbeitern und fünf IL-18 die Charterfluggesellschaft Berline (V/172).

Die ehemalige IL-18 der INTERFLUG, DDR-STM, flog zunächst in dieser Interimsbemalung als D-AOAO für die Berline.

1. Juli 1992

Die Anrainer-Gemeinden um den Flughafen bilden das gemeinsame Amt Schönefeld, Amtsdirektor wird Klaus Huhndorf.

6. August 1992

Die jetzige Lufthansa-Werft in Diepensee liefert die 100. Boeing 737 nach Überholung aus.

1. September 1994

Der Flughafen Schönefeld erhält für 41 Mio. DM einen neuen Tower.

9. September 1994

Der letzte sowjetische Soldat verlässt mit einer IL-76 von Schönefeld aus die ehemalige DDR.

21. Juli 1997

Die DFS richtet auf dem Berliner Teufelsberg eine neue Radarstation ein.

13. September 1997

Die Tu-154M 11+02 der Bundeswehr (ex DDR-SFB) stürzt nach einem Zusammenstoß mit einer C-141 der US-Airforce an der Küste Namibias ab, alle 141 Insassen kommen ums Leben.

Die Tu-154M der DDR-Regierungsflieger wurde in der Flugzeugwerft Dresden zum „Open Sky"-Flugzeug mit der taktischen Kennung 11+ 02 umgerüstet.

1. Mai 2000

Um den letzten Rest der DDR-Fluggesellschaft verschwinden zu lassen, wird das Kürzel IF, das jahrzehntelang für INTERFLUG stand, durch die IATA an eine italienische Chartergesellschaft vergeben.

31. Juli 2000

Als letzte Angestellte der INTERFLUG wird Frau Helgard Deickert in den Ruhestand geschickt.

12. August 2005

Die von dem ehemaligen INTERFLUG-Kapitän Jürgen Merten gesteuerte Boeing 737-300 der Helios Airways stürzt nahe des Athener Flughafens ab, alle 121 Insassen finden den Tod.

11. Der Beginn einer unendlichen Geschichte

Der Leiter der internationalen Abteilung im ZK der KPdSU, Valentin Michailowitsch Falin, schlug dem letzten Staatsratsvorsitzenden der DDR, Egon Krenz, vor, *„…man sollte für ganz Berlin in Schönefeld einen Flughafen bauen, der zu einem zweiten Frankfurt am Main werden könnte…“.* In der gemeinsamen Pressekonferenz von Lufthansa und INTERFLUG im Januar 1989 wird diese Idee als gemeinsames Vorhaben verkündet, obwohl Heinz Ruhnau, dem Vorsitzenden des Aufsichtsrats der Lufthansa, bestimmt nicht daran gelegen war, Konkurrenz für Frankfurt aufzubauen. Vielmehr ging es darum, sich den Zugang für die Lufthansa zum Berliner Markt über INTERFLUG zu verschaffen. Am 12. Juli 1990 begann die Suche nach einem geeigneten Standort für den neuen Großflughafen. Nachdem mehr als 50 Objekte geprüft wurden , blieben Jüterbog, Sperenberg und Schönefeld als mögliche Optionen übrig. Im Dezember 1991 wurde die Berlin Brandenburg Flughafenholding (BBF) gegründet, an der sich die Bundesregierung mit 26 und die beiden Bundesländer Berlin und Brandenburg mit jeweils 37 Prozent beteiligten. Es dauerte mehrere Jahre, ehe sich die Partner auf einen Standort für den gemeinsamen Großflughafen einigen konnten. Erst am 24. Mai 1996 wurde beschlossen, Schönefeld zum internationalen Flughafen Berlin-Brandenburg auszubauen. Der Großflughafen sollte mit einer Kapazität von 20 Mio. Passagieren an den Start gehen und später modular auf bis zu 40 Mio. Passagiere ausgebaut werden. Das Hoch-Tief-Konsortium bot schließlich an, für 630 Mio. DM als Investor in das Projekt einzusteigen. Kompetenzstreitigkeiten und bürokratische Hemmnisse führten dazu, dass bis zum Jahr 2000 noch keine Einigung über Bau und den Betrieb des, nunmehr BBI genannten Flughafenprojekts, erzielt wurde.

18. Januar 1989

Lufthansa und INTERFLUG kündigen den Bau eines Großflughafens im Berliner Umland an, er soll „Berlin International“ heißen und der Bau 1995 beginnen.

12. Juni 1990

Die Suche nach einem geeigneten Standort beginnt, es werden 50 mögliche Objekte geprüft.

24. Mai 1996

Ein Konsensbeschluss über den Ausbau Schönefelds zum Internationalen Flughafen Berlin-Brandenburg (BBI) wird gefasst.

31. März 1999

Bundesverkehrsminister Müntefering, der Regierende Bürgermeister von Berlin Diepgen und Brandenburgs Ministerpräsident Stolpe unterzeichnen einen Privatisierungsvertrag für den neuen Flughafen, er wird jedoch vom Brandenburger Oberlandesgericht für ungültig erklärt.

31. Dezember 2000

Es herrscht noch immer keine Einigkeit über den Bau und den Betreiber des Flughafens BBI. Als Baubeginn wird nun 2009 anvisiert.

So wurde das Projekt des geplanten Großflughafens Berlin Brandenburg International (BBI) 1991 vorgestellt.

12. Persönlichkeiten und Flugzeuge

Biographien von Persönlichkeiten der Flughafengeschichte Schönefeld

Arndt, Otto – Verkehrsminister in der DDR-Regierung 1920–1992 (IV/66)

Bork, Peter – Direktor Flugtechnik des Verkehrsflugs 1937–2010 (IV/146)

Britt, Walter – Pionier des Agrarflugs der DDR 1917 – …(III/198)

Diedrich, Kurt - Führungspersönlichkeit in der DDR-Luftfahrt 1922– …(IV/67)

Haas, Ernst – Bauingenieur und Flughafenarchitekt 1911–1996 (II/123)

Heiland, Karl – Führungspersönlichkeit in der DDR-Luftfahrt 1919–1987 (III/18)

Henkes, Klaus – General und Generaldirektor der INTERFLUG 1929–2003 (IV/66)

Henschel, Oscar Robert – Leiter des Henschel-Unternehmens 1899–1982 (I/25)

Hormel, Walter – Betriebsdirektor der HFW 1881–1945 (I/27)

Fiedler, Willy Achim – Testpilot und Schöpfer von Flugkörpern 1908-–1998 (I/269)

Fischer, Kurt – Flugbetriebsdirektor des Verkehrsflugs 1921–1990 (III/122)

Franke, Harald – Direktor Flugtechnik des Verkehrsflugs 1937 – …(V/22)

Freyer, Erwin – Entwicklungsingenieur, Generalmajor der NVA 1914–1992 (I/209)

Führer, Hans-Herbert – Leiter der Verkehrsabfertigung in Schönefeld 1935– .(IV/258)

Frydag, Karl – Persönlichkeit der deutschen Luftfahrtindustrie 1893–1986 (I/33)

Glaser, Uwe – Persönlichkeit im Bauwesen der zivilen Luftfahrt 1938– …(IV/259)

Gorzel, Wilhelm – Direktor des Agrarflugs der DDR 1923–1988 (III/184)

Grenzdörfer, Joachim – Persönlichkeit im Wissenschaftsbereich 1931– …(V/23)

Huth, Horst – Persönlichkeit im Bereich Bildflug des Spezialflugs 1937 – …(V/211)

Lehweß-Litzmann, Walter – Persönlichkeit der DDR-Luftfahrt 1907–1986 (III/19)

Materna, Horst – Direktor Flugbetrieb des Verkehrsflugs 1936– …(IV/147)

Müller, Heinz – Persönlichkeit im Agrarflug der DDR 1937– … (V/95)

Oeckl, Otto – Leitender Techniker im Henschel-Konzern 1906–1996 (I/35)

Riech, Peter – Persönlichkeit in der Automatisierungsarbeit 1942– …(V/

Wagner, Herbert – Forscher und Erfinder der Lenkflugkörper 1900–1982 (I/206)

Wendt, Ernst – Techniker und Werftleiter in der zivilen Luftfahrt 1898–1970 (II/103)

Wilpert, Paul - Persönlichkeit der DDR-Luftfahrt 1925–2011 (IV/146)

Winkler, Siegfried – Persönlichkeit des Agrarflugs der DDR 1931– …(IV/176)

Zuse, Konrad – Pionier der Computertechnik 1910–1995 (I/203)

Kurzbeschreibung von Flugzeugen

13. Abkürzungsverzeichnis

ACZ	Agro-chemisches Zentrum
DLH	Deutsche Lufthansa (der DDR)
DME	Entfernungsmeßgerät (Distance Measuring Equipment)
FMK	Flugmedizinische Kommission
GÜST	Grenzübergangsstelle
HFW	Henschel Flugzeugwerke
HVZL	Hauptverwaltung Zivile Luftfahrt
IATA	Internationale Luftverkehrsvereinigung
ICAO	Internationale Luftfahrtorganisation (International Civil Aviation Organization)
ILS	Instrumentenlandesystem (Instrument Landing System)
LED	Luftfahrterprobungsstelle Diepensee
LSK/LV	Luftstreitkräfte/Luftverteidigung
LVO	Luftverkehrsordnung
NPA	Neue Passagierabfertigung
NVR	Nationaler Verteidigungsrat
MfS	Ministerium für Staatssicherheit
MfNV	Ministerium für Nationale Verteidigung
OKB	Versuchskonstruktionsbüro
PLO	Organisation zur Befreiung Palästinas (Palestine Liberation Organization)
PZL	Staatlicher polnischer Luftfahrtbetrieb
RDLI	Reichsverband der deutschen Luftfahrtindustrie
SFV	Staatliche Flughafenverwaltung
SLB	Start- und Landebahn
SMAD	Sowjetische Militäradministration in Deutschland
TIZL	Technisch-ökonomische Informationen für die zivile Luftfahrt
VFR	Sichtflugregeln (Visual Flight Rules)
VOR	Drehfunkfeuer im Ultrakurzwellenbereich
ZAPU	Afrikanische Volksunion von Simbabwe (Zimbabwe Afrikan Peoples Union)

Die Bände I bis V enthalten weitere detaillierte Abkürzungen, die z.T. nur in dem jeweiligen Band verwendet wurden.

14. Hauptquellenverzeichnis

Autorenkollektiv
100 Jahre Agrarflug in Deutschland; Herausgeber GBSL, Berlin 2011;

Autorenkollektiv
DDR-Zeittafel 1949–1983; Dietz Verlag Berlin 1984;

Beil, Gerhard
Außenhandel und Politik; edition ost Berlin 2010;

Billig, Detlef / Meyer, Manfred
Flugzeuge der DDR, Band IV 1952 bis 1990; TOM Modellbau Friedland 2004;

Britt, Walter
Flugzeuge in der Land- und Forstwirtschaft; Landwirtschaftsverlag Berlin1960

Budraß, Lutz
Flugzeugindustrie und Luftrüstung in Deutschland 1918-1945; Droste Verlag Düsseldorf 1998;

Der Start – Betriebszeitung der DLH/IF
Schönefeld, Jahrgänge 1958 bis 1991;

Flieger Jahrbuch – Internationale Rundschau
Jahrgänge 1958–1987 Transpress Verlag Berlin;

Flieger Revue – Magazin für Luft- und Raumfahrt
Berlin, Jahrgänge 1955 bis 2000;

Flughafen Leipzig/Halle GmbH (Hrsgb.)
70 Jahre Flughafen Leipzig/Halle; Agenturteam Winkler, Leipzig 1997;

Froh, Klaus
Chronik der NVA, der Grenztruppen und der Zivilverteidigung der DDR 1956–1990; Verlag D. Köster Berlin 2010;

Grenzdörfer, Joachim / Seifert, Karl Dieter
Geschichte der ostdeutschen Verkehrsflughäfen; Bernard & Graefe Verlag, Bonn 1997

Gruner, Robert
INTERFLUG und DDR-Außenpolitik; Diplomatica Hamburg 2009;

Hanemann, Jürgen
Die Geschichte des Flughafens Erfurt 1957–2007; Verlag Rockstuhl, Bad Langensalza 2010;

Hauptflugregeln zum Fliegen im Luftraum der DDR
Befehl 6/82 des Ministers für Nationale Verteidigung, Berlin 1982;

Hiemann, Günter
Militärische Flugsicherung; Militärverlag der DDR, Berlin 1987;

Huhn, Klaus
Raubzug Ost – wie die Treuhand die DDR plünderte; edition ost Berlin 2010;

Information Flugbetrieb/Verkehrsflug
Interne Betriebsausgaben; Schönefeld Jahrgänge 1973-1983;

Kramer, Erwin
Die Entwicklung des Verkehrswesens der DDR; Transpress Verlag Berlin 1978;

Krönert, Günter
Hubschrauber im Einsatz; Militärverlag, Berlin 2011;

Kuhlmann, Bernd
Schönefeld bei Berlin – ein Amt, ein Flughafen und 11 Bahnhöfe; Verlag GVE Berlin 1996;

Kutschbach, Johannes
Schönefeld – zwischen Kirche und Flugplatz; K+L Offset Groß Ziethen 1993; 6

Lang, Dietbert / Materna, Horst
Die Regierungsflieger der DDR; Flieger Revue extra Heft 4 Möller Verlag Berlin 2004;

Lein, Karin
Schönefeld – Chronik eines märkischen Dorfes; ELRO Königs Wusterhausen o.J.;

Materna, Horst
Der zivile Luftverkehr der DDR; Flieger Revue extra, Hefte 5, 6, 10, 15, Möller Verlag Berlin 2004–2006;

Meyer, Manfred / Grass, Detlef
DDR Zivilluftfahrtregister 1953–1990; two Werbe- und Verlagsgesellschaft Berlin 1990;

Nachrichten für zivile Luftfahrt
Ministerium für Verkehrswesen, Berlin Jahrgänge 1963–1990;

Neutzner, Matthias
Flughafen Dresden – Geschichte und Gegenwart; Michel Sandstein Verlag, Dresden 2000;

Seifert, Karl-Dieter
Weg und Absturz der INTERFLUG; VDM Heinz Nickel Zweibrücken 2008;

Storkmann, Klaus
Geheime Solidarität – Militärbeziehungen und Militärhilfe der DDR in die „Dritte Welt"; Ch. Links Verlag , Berlin 2012;

Spur, Franz
Militär-Transportflieger Dessau-Dresden; AeroLit Verlag, Diepholz 2002;

Sturm, Wolfram
Leipzig geht in die Luft; Engelsdorfer Verlag, Leipzig 2011;

Verein zur Bewahrung von Stätten deutscher Luftfahrtgeschichte
Luftfahrt in Berlin-Brandenburg; Schönefeld 1992;

In den Bänden I bis V finden Sie weitere detaillierte Quellen- und Literaturangaben zu den Geschehnissen in der jeweiligen zeitlichen Periode.

Horst Maternas Geschichte des Flughafens Berlin-Schönefeld

Die Henschel Flugzeug-Werke in Schönefeld bei Berlin wurden erst 1933 gegründet. Sie entwickelten sich aber in kürzester Zeit zu einem Großserien-Flugzeugbau-Produzenten.

Neben der Lizenzproduktion für JUNKERS und DORNIER wurden eigene Flugzeuge hier gebaut sowie düsengetriebene Flugzeuge und sogar ferngelenkte Flugkörper entwickelt.

Horst Materna, Festeinband, 288 Seiten und 254 Abbildungen.
ISBN978-3-86777-049-1

Horst Maternas Geschichte des Flughafens Berlin-Schönefeld

Nach dem Zweiten Weltkrieg hinterließen die Henschel Flugzeug-Werke in Schönefeld einen gut ausgebauten Werkflughafen. Nach der völligen Demontage der Werksanlagen war das Areal nutzlos geworden. Durch einen Befehl der sowjetischen Besatzungsmacht kam es wieder zum Flugbetrieb. Aus bescheidenen Anfängen 1946 entstand ein moderner und internationaler Flughafen. Das Buch schildert die schweren Anfangsjahre des Flughafens Berlin-Schönefeld.

Horst Materna, Festeinband mit 192 Seiten und 216 Abb.
ISBN 978-3-86777-326-3

Horst Maternas Geschichte des Flughafens Berlin-Schönefeld

Nach dem Ende der diplomatischen Blockade der DDR, inszeniert durch die Bundesrepublik, stieg das Flugaufkommen sprunghaft an. Sowohl die vorhandenen Abfertigungsanlagen als auch die Luftfahrzeugflotte hatten ihre Leistungsgrenzen erreicht und mussten unbedingt erweitert werden.
Der Agrarflug sowie der Spezialflug erreichten Dimensionen, die sowohl vom Umfang als auch von den Leistungen schnell internationale Spitzenwerte erreichten.
Das Buch schildert sehr anschaulich die Periode von 1963 bis 1977 und weist die dynamische Entwicklung des Luftverkehrs der DDR nach.

Horst Materna, Festeinband mit 288 Seiten und 426 Abb.
ISBN 978-3-86777-454-3

Horst Maternas Geschichte des Flughafens Berlin-Schönefeld

Als 1978 das Militär die Führung des Unternehmens INTERFLUG übernahm und ein aktiver General der Luftstreitkräfte Generaldirektor wurde, änderte sich einiges in der Struktur, aber auch in den Aufgaben der INTERFLUG. Neben der Vorbereitung des Personals auf den Verteidigungszustand wurden zunehmend Flüge zur Unterstützung von nationalen Befreiungsbewegungen, einschließlich Waffentransporten, und Unterstützungsaufgaben für die Luftstreitkräfte durchgeführt. Trotzdem entwickelten sich die Leistungen aller fünf Betriebe kontinuierlich. Neue Flugtechnik kam zum Einsatz, die moderne Rechentechnik hielt sowohl bei der Flugsicherung, als auch in der Verwaltung Einzug und auch die Beziehungen zu Fluggesellschaften der westlichen Welt wurden intensiviert.

Horst Materna, Festeinband mit 288 Seiten und 352 Abb.
ISBN 978-3-86777-465-9

Horst Maternas Geschichte des Flughafens Berlin-Schönefeld

Ende der 1980er Jahre wurde immer deutlicher, dass INTERFLUG mit ihrer Verkehrsflugzeugflotte nicht mehr konkurrenzfähig und eine Modernisierung durch sowjetische Konstruktionen nicht realistisch war. Hinzu kamen die gesellschaftlichen Probleme, die sich aus der desaströsen Wirtschaftslage der DDR in Verbindung mit den zunehmenden Differenzen innerhalb des sozialistischen Lagers ergaben und zwingend Veränderungen erforderten. In dieser Zeit öffnete sich allmählich der Weg nach Westen und es gelang moderne Technologien, Rechentechnik und selbst westliche Flugzeuge in Betrieb zu nehmen. Das Ende der DDR bedeutete aber auch das Ende der INTERFLUG, auch wenn zaghafte Versuche zu deren Überleben unternommen wurden. Wie sich der quälende Prozess bis zum Jahr 2000 hinzog, wird in diesem Buch beschrieben.

Horst Materna, Festeinband mit 224 Seiten und 250 Abb.
ISBN 978-3-86777-685-1

Horst Materna auf der Leipziger Buchmesse am Stand des Verlages Rockstuhl

Über den Autor

Der Flugkapitän, Dipl.-Ing. Horst Materna gehört zum Jahrgang 1936 – geboren in Harta im Sudetenland.

Er erlernte den Beruf eines Landmaschinenschlosser, war von 1954 bis 1957 Militärpilot. Von 1958–1990 war Horst Materna in der Zivilen Luftfahrt der DDR tätig. Dabei brachte er es auf 10.000 Flugstunden als Copilot, Kapitän und Trainingskapitän auf verschiedenen Verkehrsflugzeugtypen. Ab 1976 übernahm er für 15 Jahre die Tätigkeit als Flugbetriebsleiter des Verkehrsflugs bei der INTERFLUG.

Publizistisch finden wir zahlreiche Veröffentlichungen zu Luftfahrtthemen in der Fachpresse und er schrieb die Bücher „*Die Geschichte der Henschel Flugzeug-Werke A.G. in Schönefeld bei Berlin 1933–1945*“; „*Die Geschichte des Flughafens Berlin-Schönefeld 1945–1963*“; „*Flughafen Berlin-Schönefeld – Heimatbasis der INTERFLUG 1963–1977*“ sowie „*Flughafen Berlin-Schönefeld und die militärisch geführte INTERFLUG 1977–1988*“.

Das Buch „*Flugplatz Neuhardenberg–Marxwalde*“ gestaltete er als Mitautor.

Heute lebt er als Rentner am Rande des Flughafens Schönefeld bei Berlin.